漢文を基礎から学ぶ

中川 諭 著

東方書店

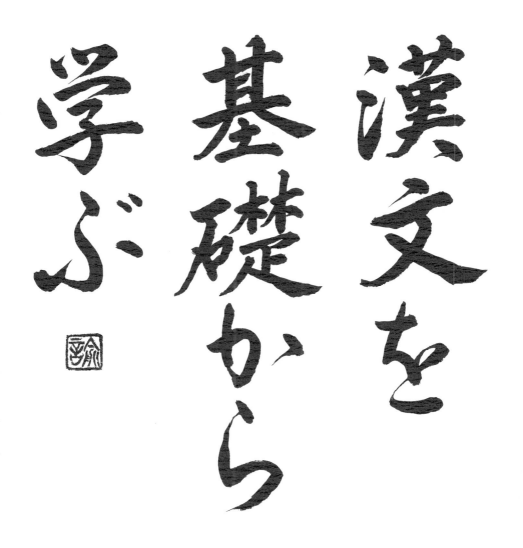

はじめに

本書は、漢文を基礎の基礎から学ぼうとする人のために作りました。そもそも「漢文」とは何かということから始まり、漢文学習の入り口である返り点と送り仮名、漢文の文型や文法の学習を経て、最終的には返り点・送り仮名のついていない、句読点だけの漢文を読めるようになることを目指します。そのため、かなり細かく丁寧な説明をするよう心がけました。授業用のテキストとしてはもちろん、自習用としても使っていただけるのではないかと思います。

本書が取り扱うのは、いわゆる「漢文」、中国語でも伝統的な書き言葉の文法に従って綴られた、古来日本で訓読の方法によって読まれていた文章です。近世以降の、話し言葉を基礎とした文章、いわゆる「白話文」は取り上げません。白話文を読むためには現代中国語の学習が前提となる上、無理に訓読しようとすればできなくはないけれども、基本的な漢文訓読の方法と比べてかなり特殊な方法を使わなければなりません。それは本書の目的から大きく外れてしまいます。また本書で用いている例文も、伝統的な書き言葉で書かれた書物から、なるべく分かりやすいものを選びました。

私が現在の勤務先、立正大学文学部に赴任して、数年が経ちました。現在の勤務先では、日本語学・日本文学を学ぶ学生の皆さんに対して漢文学の授業をしています。この数年間、何を取り上げるべきか、どのように授業を進めるべきか、試行錯誤していました。そして少しずつそれが分かってきました。何か教科書のようなものを利用した方が学生のみなさんにも分かりやすいだろうと思い、いろいろふさわしい本を探しました。確かに漢文訓読を学習するための教科書・参考書はたくさんあります。そして優れた教科書・参考書も少なくありません。でも私が授業で行いたいことにうまく合致する本、使いたいと思う教科書はなかなかありませんでした。「それならば自分で作ってしまえ」と書き始めましたのが本書です。

私の授業は中学校・高等学校の国語科の教員を目指す人が履修する教職課程の必修科目にもなっています。したがって高等学校の国語科・古典漢文の学習もある程度意識しました。そのため高等学校の先生方や漢文を熱心に学習しようとする高校生の方にも利用していただけるかもしれません。ただ時折『学習指導要領』の範囲を超えている所もあります。その点注意して利用していただければありがたく思います。

本書によって、「漢文が好き」、「漢文はおもしろい」と思っていただける人が一人でも増えれば、たいへん嬉しく思います。

令和五年一月吉日

中川　諭

凡例

1、本書では、漢文の学習に少しでも親しみを持っていただこうと、「です・ます」調の文体を用いました。

2、本文中の漢字は、原則として常用漢字表に示されている字体を用いました。常用漢字外の漢字については、正字を用いました。

3、ふりがな・送り仮名は、漢文（訓点文）や書き下し文では旧仮名遣いで、それ以外では現代仮名遣いで記しました。

4、説明の都合上、訓点文や書き下し文の誤った書き方を示しているところがあります。その場合、文頭に「×」印を付けました。

漢文を基礎から学ぶ　❖目次❖

第三章　返り点　18

第六章　漢文の文法……116

漢文を基礎から学ぶ

第一章　漢文とは何か

1、「漢文」とは何か

「漢文」というと、なんだか取っつきにくいというイメージを持っている人が多いかもしれません。漢字ばかりが並んでいるし、ひっくり返って読まないといけないし、とても面倒だなという印象を持っている人も多いでしょう。そして中学校・高等学校の国語科の中に漢文が含まれており、漢文の授業で苦労した人もいることでしょう。ではなぜ私たちは漢文を勉強しなければならないのでしょうか。

まず「漢文」とは何でしょうか。「漢文」の「文」は「文章」の意味だろうということは比較的想像しやすいと思います。では「漢」とはどういう意味でしょうか。

中国の歴史の中に「漢」という王朝がありました。西暦紀元前二〇六年に漢の高祖劉邦《りゅうほう》によって建てられ、紀元八年まで続きます。いったん王莽《おうもう》によって王朝が簒奪されますが、紀元二五年に光武帝劉秀《りゅうしゅう》によって再興され、紀元二二〇年まで続きます。前者を「前漢」（都が西方の長安にあったため、中国では「西漢」とも言います）、後者を「後漢」（都が長安より東側の洛陽にあったため、中国では「東漢」とも言います）と呼びます。前漢・後漢合わせて、漢という王朝は約四百年続いたのでした。

漢王朝を継いだのは魏という王朝です。紀元二二〇年に後漢最後の皇帝である献帝が魏の文帝曹丕《そうひ》に皇帝の位を譲り、魏王朝が成立します。しかしこの時中国の中央部を支配していた魏の他に、西方地域を支配していた蜀、南方地域を支配していた呉の国があって、中国全土を三分していました。いわゆる「三国時代」です。三分していた中国を再び統一したのは晋王朝です。しかし晋による統一国家も内乱勃発や北方の異民族の侵略により、乱世に戻ってしまいます。六朝時代を経て、次に中国を統一したのは隋です。しかし隋王朝もわずか三十年で滅びます。そしてその後を受けて、六一八年に唐王朝が成立し、ここに漢を継ぐ長期政権の統一王朝がやっと登場するのです。

このような歴史から「漢」が中国を代表する王朝だと考えられるようになったのではないかと想像されます。そこから「漢」一文字で「中国」を象徴するようになり、「中国」という意味を持つようになったのではないかと思います。そうすると「漢文」の「漢」もやはり「中国」という意味だと考えられます。だとすると、「漢文」は「中国の文章」という意味になります。でも「漢文」の場合は、もう少し説明が必要です。

「中国の文章」ということであるならば、中国という国の中で書かれた文章ということになります。それは言い換えると、中国語で書かれた文章ということになります。でも我々が「漢文」と言う時には、それとは少し違います。一つ例を挙げてみましょう。

学而時習之、不亦説乎。

これは『論語』の一番最初の文章です。これはどう読むのでしょうか。もし中国語を母語とする人にこの文章を読んでくださいと言ったら、必ず（と言っていいほど）「学」の字から順番に上から下（横書きなら、左から右）に向かって現代中国語の漢字音で読んでいくことでしょう。その発音を現代中国語のローマ字表記にすると、「Xué ér shí xí zhī, bú yì yuè hū.」（これは今は読めなくて構いません）となります。では日本人はこの文章をどう読むでしょうか。日本人の中にも中国語をしっかり習得し、中国の古典を専門として勉強したり研究したりしている人がいます。そういう人は、もしかしたら中国人と同じように現代中国語の発音で読むこともあるでしょう。でも大多数の日本人は、「学びて時に之を習う、亦た説《よろこ》ばしからずや」と読むことでしょう。ではこの「学びて時に之を習う、亦た説ばしからずや」という読み方を、そのまま日本語の分からない（学んでいない）中国の人に音声で話してみたら、理解してもらえるでしょうか。まず分かってもらえないと思います。「学びて時に之を習う、亦た説ばしからずや」という読み方は、もう立派な日本語になっているのです。これこそが「漢文」なのです。つまり我々日本人にとって「漢文」とは、古典中国語を日本語として読んだもの、ということになります。

2、「漢文」を学ぶ理由

では私たちはなぜ漢文を学ばなければならないのでしょうか。しかも漢文は、中学校と高等学校の学習指導要領の中で「国語科」の一分野として位置づけられ、学校教育の中で学習することになっています。これはなぜなのでしょうか。

日本語を表記する文字は漢字・ひらがな・カタカナで、その中でも漢字が重要な位置を占めています。もし日本語をひらがな・カタカナだけで表記しようとしたら、できなくはないけれども大変不自由で、読みづらくなってしまいます。日本語の中で漢字で表記する語彙は、とても重要な言葉だということになります（もちろんひらがなやカタカナで表記する言葉が不要だ、ということではありません。それらも日本語の中で重要な役割を持っています）。そして日本語の中で漢字で表記する言葉のほとんどは、実は古典中国語に由来しているのです。古典中国語は日本語を形成する上で重要な役割を担っています。そこに漢文を勉強する一つの意義があります。

漢字で表記する日本語の語彙は、その多くが古典中国語に由来する以上、古典中国語の文法に則って言葉が形成されています。たとえば、「日没」という言葉は、「日」（太陽）が「没」する（沈む）という順番で構成されている二字熟語です。これは古典中国語は「主語＋述語（動詞や形容詞など）」という語順で言葉が並べられるという文法に則っています。では「読書」という熟語はどうでしょうか。「読書」という言葉の意味は「本を読む」です。二字熟語を使わない訓読みした日本語だと、「①本を②読む」という順番です。でも二字熟語だと「①読②書」で、「よむ」という意味の「読」の字が先に来て、その後に「ほん」という意味の「書」という字が来ています。二字熟語を使わない訓読みした日本語と二字熟語で単語の並ぶ順番が違うのです。これはなぜでしょうか。それは、「読書」という二字熟語は、古典中国語の文法に従って構成されているからなのです。中国語では、古典・現代に関わりなく、必ず「動詞（「〜する」を表す）＋目的語（「を」・「に」が付く）」という語順になります。だから「よむ」という動作行為を表す言葉が先に来て、その動作の対象を示す「ほん」という意味の言葉が後に来ています。このように、日本語の熟語は古典中国語の文法と強い関わりがあります（詳しくは第六章で説明します）。

また日本語の中にはたくさんの故事成語があります。これらは中国の古典に基づくものがたくさんあります。例えば「株を守る（守株）」という言葉は、「昔からのしきたりにこだわって融通がきかないこと」という意味です。「株を守る」という字面からだけでは、とてもこのような意味になるとは思えません。この「株を守る」という言葉は、『韓非子《かんぴし》』という中国の古い本の中にあるお話がもとになっています。猟師が狩りをしていると、一匹のウサギが走って来て、木の切り株にぶつかり、首の骨を折って死んでしまった。猟師は労せずしてウサギを手に入れた。そこでその猟師は狩りをすることを止めて、ずっと切り株を見守って再びウサギが走って来て木の切り株にぶつかるのを待っていた。この話がもとになって、「株を守る」という言葉ができました。この話を知らないと、「株を守る」という故事成語の意味が分からないのです。なおこの話は実はこれで終わりではありません。続きがあります。儒家思想の人たちは昔の尭帝《ぎょうてい》・舜帝《しゅんてい》の時代が素晴らしかったと、その時代のことをまねようとしている。それは時代に合わない愚かなことで、株を守っている猟師と同じではないか、とあって、法家思想による儒家思想への批判の言葉が続くのです。「株を守る」という故事成語の背景には、中国の古代思想があるのです。このように日本語を構成する故事成語は中国の古典に由来するものが多いのです。故事成語をしっかり理解するためには、中国古典についての知識が欠かせません。

以上のように、漢文は日本語を理解する上で、とても重要な役割を持っています。だから日本語をしっかり身につけ、理解するために、漢文が必要になるのです。

3、日本における中国古典の影響

日本には、漢字がもたらされるまで、文字が存在しませんでした。だからそれ以前の時代には本がありません。本がないので、学問もありません。中国から漢字がもたらされた時、それは本・学問というかたちで伝わってきました。当時の日本人は、それを一所懸命勉強したのです。中国から日本に入ってきた書物は、中国で書かれたものです。だから当然ながらすべて中国語で書かれています。古代日本において、中には中国語を読み書き話すことのできた人もいたことでしょう。でも全ての日本人みんながみんな中国語を読んだり話したりできたとはとうてい思えません。そこで古代の日本人は、中国語のまま日本語で読んでしまおうという、とんでもないことを思いついたのです。

それが漢文訓読です。日本語と中国語では語順が違います。だから中国語の漢字の配列を日本語の語順に直すために返り点を作りました。また中国語にはない助詞をカタカナを用いて補うことも考え出します。こうして中国語で書かれた文献が、あたかも日本語で書かれた文献のように読めるようになったのです。そして中国の古典を日本の古典として勉強していくことになるのです。中国の古典の勉強をとおして、だんだんと学問が身についてくると、日本独自の学問体系が生まれ、日本人による著述もだんだんと増えていくことになります。でもそれらも中国古典の勉強が基礎になっているので、日本人の著述にも中国古典の影響が色濃く残っているのです。

例を挙げてみましょう。二〇一九年五月から、「平成」に変わって新しい年号「令和」になりました。この「令和」という年号は、『万葉集』の中に出典があります。『万葉集』に収録される大伴旅人《おおとものたびと》による「梅花歌三十二首」の序文の中に、

于時、初春令月、気淑風和、梅披鏡前之粉、蘭薫珮後之香。

時に于《お》いて、初春の令月、気淑《よ》く風和らぎ、梅は鏡前の粉を披《ひら》き、蘭は珮《はい》後の香を薫《かを》らす。

とあります。この「初春令月」の「令」と「気淑風和」の「和」を取って、「令和」となったのだそうです。でも実は、『万葉集』のこの記述には、元ネタがあります。中国の六朝時代、梁《りょう》という王朝の時に『文選《もんぜん》』という本が編纂されました。『文選』は、中国の古い時代から『文選』が編纂された当時までのさまざまな文学者の優れた文学作品を集めた作品集です（中国文学の専門用語では、「総集《そうしゅう》」と言います）。この『文選』の中に、後漢時代の張衡《ちょうこう》という人が作った「帰田賦《きでんのふ》」という作品が収められています。「帰田賦」の中に、次のような一節があります。

於是仲春令月、時和気清。原隰鬱茂、百草滋栄。
是に於《お》いて仲春の令月、時和し気清らかなり。原隰鬱茂《げんしつうつも》にして、百草滋栄《じえい》す。

「帰田賦」のこの一節が「梅花歌」の序文の一節と似ていることが分かるでしょう。この「帰田賦」を下敷きにして、「梅花歌」の序文ができあがっています。

もちろん大伴旅人が張衡の「帰田賦」を盗作したということではありません。大伴旅人は、「帰田賦」の表現を巧みに利用しながら、自らの世界観を展開させて、「梅花歌」の序文を書きました（このように先行の文献に使われた表現に基づきながらも、表現に新たな命を吹き込むことを「換骨奪胎《かんこつだったい》」と言います）。大伴旅人の文学的才能は揺らぐものではありません。『文選』は早くから日本に伝わり、奈良時代・平安時代の貴族たちがこぞって勉強した書物です。大伴旅人もしっかり勉強していたことでしょう。だからこそ、「梅花歌」の序文に「帰田賦」の一節を用いることができたのです。そしてこれは中国古典の日本文学に対する影響の一つの例と言うことができるでしょう。

その他、日本文学に対する中国古典の影響は数え切れないくらいあります。日本の古典文学作品の代表とも言うべき『枕草子』や『源氏物語』の中にも、中国古典からの引用があります。平安・鎌倉時代の物語には、中国の古典を題材にしたお話がたくさんあります。そしてこれは古典文学だけに限りません。日本の近代文学の中にも、中国の古典を題材にしたものはたくさんあります。中島敦『山月記』は中国唐代の伝奇小説「人虎伝」に基づいています。芥川龍之介『杜子春』もやはり唐代伝奇の「杜子春伝」という作品のアレンジです。

そして漢文の知識は、日本人にとって高度な教養の一つでした。

夏目漱石といえば、近代文学を代表する作家としてみなさんよく知っていることでしょう。また正岡子規は近代の俳句の第一人者です。漱石と子規は親しく、よく手紙のやりとりもしていました。その時にお互い漢詩を作ってやりとりしていました。漱石や子規にとって、漢詩を作ることはごく日常的なことでした。漢文の知識を持っている、漢文で文章を書くということは、当時の知識人にとってごく当たり前のことだったのです。

このように、日本の文学・文化を理解するためには、中国古典についての知識が不可欠なのです。言い換えれば、中国古典、漢文を勉強するということは、とりもなおさず日本の古典を勉強するということなのです。

4、漢文学と中国文学

では「漢文学」とはどのような学問なのでしょうか。漢文学とは、すなわち漢文で綴られた文章・文献（詩詞や文章、そしてそれらを体系的にまとめた書物）を読み、研究する学問である、ということができます。その対象はあくまで漢文で書かれたものです。そうすると昔の中国（清《しん》朝以前、あるいはアヘン戦争以前）において、伝統的書き言葉の決まりによって書かれた文章は当然含まれます。さらに中国以外の国で書かれたもの、中国人以外の人が書いたものであっても、それが漢字を用い、漢文（伝統的書き言葉）の法則に則ったものであったならば、漢文学の研究対象に含まれます。たとえば、日本で言うと、奈良時代や平安時代に書かれた漢詩文集（『懐風藻《かいふうそう》』など）や、近代では夏目漱石や正岡子規の漢詩なども漢文学の範疇に含めて考えることができます。

一方「漢文学」に似た名称を持つ学問として「中国文学」という学問分野があります。では「漢文学」と「中国文学」はどう違うのでしょうか。そのことを述べる前に、「中国文学」がそもそもどういう学問なのかということについて触れてみましょう。

世界中には各国それぞれに各国固有の文化があり、そして文学があります。日本には日本の文化があり日本の文学があります。イギリスにはイギリスの文化がありイギリスの文学があります。朝鮮には朝鮮の文化があり朝鮮の文学があります。これらと同じように、中国には中国の文化があり中国の文学があります。中国文学というのは世界中に存在するさまざまな国の文学の中の一つとして中国の文学を取り上げ、それを研究する学問なのです。だから「中国文学」は、中国という一つの国の中において基本的に中国語で書かれた文学作品を対象とします。中国において中国語で書かれた文学作品は、時間的には太古の時代から現代までにわたり、また書かれた言葉は、伝統的書き言葉で書かれたものの他、話し言葉を基礎として作られた書き言葉（白話文）も含まれるし、中国語である以上当然現代中国語も含まれます。伝統的書き言葉で書かれた詩や文章の他、白話文で書かれた近世以降の戯曲や小説、そして現代文学も中国文学の研究対象となります。また場合によっては、中国国内の少数民族の言語も広い意味では中国語なので、中国国内の少数民族の文学も含まれることになります。そして研究を進める場合、文献を読んでいくのには、たとえそれが伝統的書き言葉であり漢文訓読できるものであっても、基本的に中国語の音で読んでいきます。以上が中国文学の研究対象であり方法です。

それでは漢文学と中国文学の違いに戻りましょう。漢文学の場合は、われわれ日本人からすると、日本の古典として文献を取り扱います。一方中国文学の場合はあくまで中国という一つの国の文学として、日本人からすれば外国の文学の一つとして文献を取り扱います。漢文学と中国文学の一番大きな違いは、この立場の違いです。したがって読み方も、漢文学の場合は漢文訓読で読んでいくのが基本となるでしょうし、中国文学の場合は中国語音で読んでいくのが基本となります。

また学問の対象が漢文学と中国文学とでは若干のずれがあります。中国において伝統的書き言葉で書かれた詩や文章は、漢文学でも中国文学でも研究対象となりえます。そしてこれがいずれの分野でも量的にもっとも多いものになります。しかしそれ以外の分野、すなわち漢文学の分野における日本漢文や朝鮮・ベトナムの漢文は、通常中国文学の分野には含めません。中国文学の分野における白話文による戯曲・小説・芸能、近現代の文学は、通常漢文学の分野には含めません。もちろん、人文科学の性格上、厳密に境界線が引けるわけではありません。伝統的な漢文学の立場で白話文や現代文学を読もうとする試みもなされることもあります。実際江戸時代の漢学者たちはかなり高度なレベルで中国の白話小説を享受していました。そして日本漢文の研究は、主として日本人の中国文学研究者によってなされることが多いのもまた事実です。中国文学研究の立場であっても、文献を何が何でも中国語音で読まなければならないというのでもなく、漢文訓読が有効な場合は、むしろそれをも併用して文献を読んでいくことが普通です。

中国文学研究のための資料が、本国中国では失われてしまったけれども、周辺諸国、すなわち日本・朝鮮・ベトナムなどに残っていたり、日本・朝鮮・ベトナムなど周辺諸国の文献の中に中国では失われて分からなくなってしまったことがらが書かれていたりすることがあります。たとえば、空海の著述である『文《ぶん》鏡《きょう》秘《ひ》府《ふ》論《ろん》』には、中国の六朝時代の文学理論が書かれています。『文鏡秘府論』に書かれている内容は、中国国内に伝えられている文献には失われてしまいました。中国文学の立場として六朝時代の文学理論を研究する場合に、日本人である空海の『文鏡秘府論』という著述は、極めて貴重な資料となるのです。そして日本人のみならず、中国人の中国文学研究者によって『文鏡秘府論』の研究がかなり進んでいます。

一方で、漢文学の立場であっても、本来は中国の文芸であった伝統的書き言葉だけを白話文や現代文学と全く切り離して取り扱うのは、やはり危険が伴うものでしょう。漢文学として伝統的書き言葉を理解するのではあっても、その中には中国のさまざまな事象が隠されているのだから、広い視野に立って古代中国を見ていく必要があるのです。

5、「漢文」の意義

日本人にとって、そして日本の文学や文化にとって、漢文はとても重要な意味を持っています。日本人が漢文を学ぶ意味はここにあります。だからこそ中学校や高等学校の「国語科」の中に漢文が位置づけられているのです。

だからといって、現代の全ての日本人が漢文や中国古典の知識を高度な専門的レベルで受け入れる必要はないでしょう。専門的レベルでの知識や研究は、それこそ専門家に任せておけばいいのです。ただ一般常識として、ある一定レベルの漢文の知識があった方が、日本語を使って生活している日本人にとって、有意義な言語生活、教養のある豊かな生活を送ることができるのではないかと思います。

第二章　基本的なルール、漢文についての言葉の説明

漢文の読み方を学ぶ前に、漢文についてのルールやさまざまな言葉について説明しておきましょう。

まず図版を見てください。今はまだ読めなくて結構です。これは昔の『論語』の本で、本文の最初の一節です。現代の活字とは異なり、昔の糸綴じの本です。昔の本は、薄い木の板に文字を反転させて彫り、そこに紙を当てて印刷します。この印刷方法を「木版印刷《もくはんいんさつ》」と言います。版画の作り方を思い浮かべると分かりやすいでしょうか。木版印刷の方法でたくさんのページを印刷します。そして各ページの真ん中で、印刷した文字が表になるように半分に折ります。そしてページ順に並べ、表紙を付けて穴を四個所空けて糸で綴じます。こうしてできた本を「線装本《せんそうぼん》」と言います。

さてこの本の本文を見ると、ただ漢字がずらっと並んでいるだけです。我々が普段読み書きしている現代語の文章と異なり、句読点やかぎ括弧が全く付いていません。さらに言えば、段落ごとに改行もされていません。実は昔の中国の本では、このような形式が一般的だったのです。この文章をそのまま現代の字体に直すと、次のようになります。

論語學而第一　　何晏集解

子曰學而時習之不亦說乎有朋自遠方來不亦樂乎人

不知而不慍不亦君子乎
有子曰其爲人也孝弟而好犯上者鮮矣不好犯上而好
作亂者未之有也君子務本本立而道生孝弟也者其仁
之本與

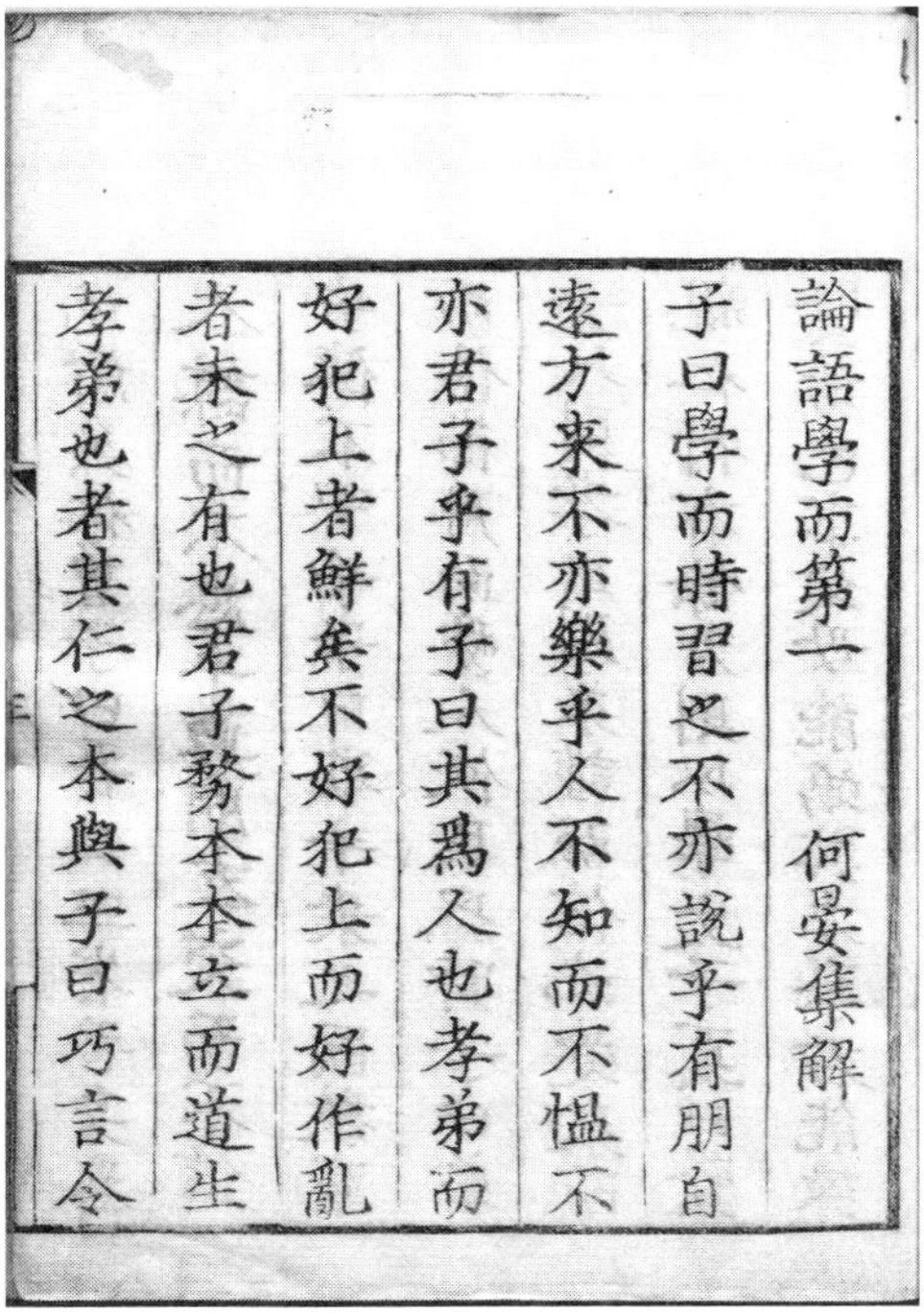
論語學而第一　何晏集解
子曰學而時習之不亦説乎有朋自
遠方来不亦樂乎人不知而不慍不
亦君子乎有子曰其爲人也孝弟而
好犯上者鮮矣不好犯上而好作亂
者未之有也君子務本本立而道生
孝弟也者其仁之本與子曰巧言令

（『論語』国立公文書館蔵本）

もとの本では段落が変わっても改行されていませんが、ここでは、段落で改行してみました。また最後の五文字「子曰巧言令」から次の段落になるので、ここでは省略しました。

もとの本、あるいはここに記したように、句読点もカギカッコも、その他現代語の文章では一般的に付けられるさまざまな記号が何もない、ただ漢字だけが並んでいる文章のことを「**白文**《はくぶん》」と言います。「漢文を読む」ということは、この白文を読むことが最終的な目標になります。しかしそのためには基礎をしっかり身につけ、訓練を積み、白文を読むことに慣れていかなければなりません。白文を自在に読めるようになれば、漢文の読解力は相当なレベルに達したということができます。

続いて次の文章を見てください。

子曰、「學而時習之、不亦說乎。有朋自遠方來、不亦樂乎。人不知而不慍、不亦君子乎。」

有子曰、「其爲人也、孝弟而好犯上者、鮮矣。不好犯上而好作亂者、未之有也。君子務本、本立而道生。孝弟也者、其仁之本與。」

先ほどの白文と同じ文章ですが、現代語の文章に見られる句読点を付けてみました（句読点の付け方は、日本語の方式に従っています。中国語の句読点の付け方は、日本語と少し違います）。このように句読点などの記号を付けたものを「**句《く》点文《てんぶん》**」と言います。白文に比べると、少しは読みやすそうに見えるでしょうか。なお漢文の解説書によっては、句点文のことも「白文」と呼ぶことがあります。本書では、句読点のないものを「白文」、句読点が付いているものを「句点文」と、区別して呼ぶことにします。

それでは次です。

子曰《ハク》、「學《ビテ》而時《ニ》習《フ》レ之《ヲ》、不二亦《タ》說《バシカラ》一乎。有《リ》レ朋自《リ》二遠方一來《ル》、不二亦《タ》樂《シカラ》一乎。人不《シテ》レ知《ラ》而不レ慍《ラ》、不二亦《タ》君子《ナラ》一乎《ト》。」

有子曰《ハク》、「其《ノ》為《リ》レ人《ト》也、孝弟《ニシテ》而好《ム》レ犯《スヲ》レ上《ヲ》者、鮮《シ》矣。不《シテ》レ好《マ》レ犯《スヲ》レ上《ヲ》而好《ム》レ作《スヲ》レ亂《ヲ》者、未《ダ》ル二之有《ラ》一也。君子《ハ》務《メ》レ本《ニ》、本立《チテ》而道生《ズ》。孝弟也者《ハ》、其《レ》仁之本與《ト》。」

漢字の右側にカタカナ、左側に「レ」や「一」・「二」のような記号がついています。前章で述べたように、漢文はもともと古典中国語です。昔の中国人が自分たちの言語――中国語で記したものです。それを日本語として読もうとするのが漢文です。文章の左右に付いているのが、中国語を日本語として読むための記号です。

文章の漢字の左側についているのが、中国語を日本語の語順に直して読む順番を示す記号で、「**返り点**」と言います。ここには「レ」や「一」・「二」が出てきていますが、その他「上」・「下」や「甲」・「乙」などの記号があります。詳しくは次章で説明します。

文章の右側にはカタカナがついています。これを「**送り仮名**」と言います。中国語は表記する文字は漢字しかありません（現代中国語では、中国語学習のために発音を表記したり、英語表記のために使用したりする「拼音字母《ひょうおんじぼ》」と呼ばれるローマ字表記があります）。単語（漢字）の並べ方、すなわち語順によって、単語と単語の関係、文章の意味を表します。これが中国語という言語の大きな特徴です。それに対して日本語は、文章の中で中心となる意味を示す自立語（名詞・代名詞・動詞・形容詞・形容動詞など）と自立語同士の関係性を示したり、さまざまなニュアンスを付け加えたりする付属語（助詞・助動詞など）があります。日本語の付属語が持つ機能は、中国語では語順が担っています。だから中国語には日本語の付属語に相当するような文字として書かれた語句が存在しません。したがって古典中国語を漢文として読むためには、付属語を補わなければなりません。それが送り仮名です。

この文章のように、返り点と送り仮名が付けられた文章を「**訓点文**《くんてんぶん》」と言います。

返り点を付けることによって、語順の異なる中国語を日本語の語順に直し、付属語を送り仮名として補うことによって、中国語の語彙を日本語の語彙にしてしまう。そうして中国語を日本語として読めるようになったのです。古典中国語を日本語として読むことを「**訓読**《くんどく》」と言います。我々日本人の祖先は、訓読を発明しました。これは外国語をとりあえずそのままの形で自国の言葉に翻訳してしまうことであり、世界的な言語事象の中でも極めて特異なことなのです。たとえば英語をそのままの形でフランス語やドイツ語として読めるでしょうか（これは、もちろん表意文字としての性格を持つ漢字と表音文字であるアルファベット文字の、文字としての性質を考慮する必要があります）。外国語である中国語をとりあえずそのままの形で日本語として読んでしまう訓読の方法は、とても画期的なものであることが分かるでしょう。

では次に、返り点・送り仮名を付けた訓点文を訓読してみましょう。

子曰はく、「学びて時に之を習ふ、亦た説《よろこ》ばしからずや。朋有り遠方より来たる、亦た楽しからずや。人知らずして慍《いか》らず、亦た君子ならずや。」と。

有子曰はく、「其の人と為りや、孝弟にして上を犯すを好む者、鮮《すくな》し。上を犯すを好まずして乱を作《な》すを好む者、未だ之《これ》有らざるなり。君子は本に務め、本立ちて道生ず。孝弟なる者は、其れ仁の本か。」と。

漢字ばかり並んでいた白文や訓点文に比べて、漢字とひらがなが使われた普通の日本語の文章のようになりました。このように白文や訓点文を漢字仮名交じり文に直したものを「**書き下し文**」または「**読み下し文**」と言います。書き下し文は日本語らしい表記になりました。しかし現代日本語の文章とはやはり少し違います。むしろ古文、古典日本語に近い感じがします。そう、訓読、そして書き下し文は、古典中国語を古典日本語に直す作業であるということができます。そして原則として、日本語の古典文法に従います。ただ漢文訓読の文体は、『枕草子』や『源氏物語』のような純和風な古典日本語とも少し違います。漢文訓読には漢文訓読独特の読み方、言い回しがあります。漢文訓読が上手にできるようになるためには、この訓読独特の読み方、言い回しに慣れる必要があります。また書き下し文を書いていく上での決まり事、ルールもあります。これについては後に第四章「書き下し文」で、詳しく説明することにします。

第三章　返り点

本章では、返り点について説明していきます。

前章で述べたように、返り点は古典中国語を日本語として読むために、中国語の語順を日本語の語順に入れ替えるための記号です。そもそも日本語と中国語では語順が違うので、漢文を日本語として読むためには、もとの漢文で並んでいる漢字の読む順序を入れ替える必要があります。その時に、一つの文の下の方にある漢字を先に読んで、それから上の方にある漢字に返って読む、ということが起こります。

しかしながら、漢文はあくまで「上から下へ順番に」読んでいくのが原則です。返り点が付けられているところだけ、上に返って読みます。漢文を学習する時に、この「上に返って読まなければならない」ということがあまりにも強調されすぎるためか、白文や句点文を読む練習をしていると、とにかくやたらとひっくり返って読もうとする人がいます。しかしそうではありません。あくまで中国語と日本語とで語順が違うところにだけ、返り点は存在します。返り点が付いている文章を読んでいく時には、上から下へ順番に読んでいって、返り点が付いている文字のところに来たら、その時はじめてそれぞれの返り点が持つ機能に従って、下から上に返って読んでいきます。あくまで原則は「上から下へ順番に読む」ということを、しっかり頭の中に入れておいてください。

返り点は漢文を読むためのルール、決まり事です。理屈ではありません。たとえば、どんなスポーツ競技にも、どんなゲームにも、それを行うためのルールがあります。返り点もそれらと同じです。たとえば野球で「どうしてストライク三つでアウトになるの？」とか、「どうしてアウト三つで攻守交代するの？」と不思議に思うことはありません。それはルールとして決められていて、その決まりどおりにプレーを進めないと、野球という競技が成り立たなくなってしまうからです。漢文における返り点も同じです。返り点は漢文訓読という〝競技〟の〝ルール〟なのです。「どうしてレ点が付いていると下から返って読むの？」とか「どうして二点から一点には返らないの？」と理屈で考える必要はありません。返り点は漢文を読む時の決まり事として、その記号が持っている機能と意味を覚えていってください。

1、返り点の種類

返り点にはいくつかの種類があります。そしてそれぞれ独自の機能を持っています。では返り点の種類を見ていきましょう。

（1）レ点
（2）一二点
（3）上下点
（4）甲乙点
（5）天地点

返り点にはこの五種類があります。「そんなにあるの？」と心配しなくても大丈夫です。この中で特によく使うのは「レ点」と「一二点」で、それに次いで「上下点」が出てきます。「甲乙点」や「天地点」は、出てくる頻度は多くありません。仮に出てきても、基本さえきちんと理解しておけば、それほど難しくはありません。

返り点はどの位置に付いているのでしょうか？　厳密に正しく言えば、レ点は漢文本文の漢字の左上に付いていて、その他の一二点・上下点などはみな漢字の左下に付いています。しかし初心者のうちはこのように覚えようとすると、混乱してしまいがちです。したがって、とりあえず「返り点は全て漢字の左下に付いている」と考えておいてください。本書では、全ての返り点は漢字の左下に付いているという方針で説明をしていきます。漢文がある程度上達してから「レ点は漢字の左上に付いている」と認識を改めるので、十分間に合います。

それでは返り点について、一つ一つ説明をしていきましょう。

2、レ点

「レ点」は、形がカタカナの「レ」のようになっていることから、「レ点」と言います。またその形は空を飛んでいく雁のようだということで、「かりがね点」と呼ぶこともあります。今では「レ点」という方が一般的です。「レ点」の機能は、「レ点が付いている漢字のすぐ下の漢字を読んでから、その後すぐにレ点が付いている漢字にもどって読む」というものです。

いくつか例を見てみましょう（以下漢文訓読としての読み方を示すために、書き下し文を使います。書き下し文の詳しい決まり事は、次章で説明します）。

（1）返り点に従って読んでみよう

興ス㆑兵ヲ　（兵を興《おこ》す）

原則は「上から下へ順番に」ですが、一文字目の「興」字にレ点が付いています。レ点が付いている字は、すぐその下にある字を読んでから、その次にレ点の付いている字を読みます。したがって「興」字のすぐ下の「兵」字を読み、その次に「興」字を読みます。右側に付いている送り仮名も合わせて、「兵を興す」という読み方になります。

尽ス㆑心ヲ　（心を尽す）

これも同様です。「尽」字にレ点が付いているので、そのすぐその下の「心」字を読んでから、「尽」字を読みます。送り仮名も合わせて、「心を尽す」という読み方になります。

では次の文はどうでしょうか。

素ヨリ愛ス㆑人ヲ　（素《もと》より人を愛す）

「素」字には返り点が付いていません。だからまずこの字を読みます。次に「愛」字ですが、この字にはレ点が付いています。したがってひとまず飛ばして、すぐ下の「人」字を読んで、それから「愛」字を読みます。送り仮名も含めて、全体をとおして「素より人を愛す」という読み方になります。

君 遣《ハス》レ 之《ヲ》　（君之を遣《つか》はす）

もう一つ見てみましょう。「君」字には返り点が付いていないので、まずこの字を読みます。「遣」字にレ点が付いているので、この字を読む前にすぐ下の「之」字を読みます。それから「遣」字を読みます。読み方は、「君之を遣はす」となります。

では次の文はどう読むのでしょうか。

欲《ス》レ 伐《タント》レ 胡《ヲ》　（胡を伐《う》たんと欲す）

「欲」字にレ点が付いていて、そのすぐ下の「伐」字にもレ点が付いています。つまり二文字続けてレ点が付いています。難しそうですが、基本に従って丁寧に考えていきましょう。

「欲」字にレ点が付いているのだから、「欲」の字を読む前にすぐ下の「伐」字を読みます。では「伐」字を読もうとすると、そこにもレ点が付いているのだから、レ点の決まりに従って、「伐」字のすぐ下にある「胡」字を先に読みます。「胡」字を読んだ次に「伐」字を読みます。「伐」字を読んで、ようやく「欲」字を読むことになります。この一文全体の読み方は、「胡を伐たんと欲す」となります。

同じような文をもう一つ挙げてみます。

難《シ》レ 為《シ》レ 音《ヲ》　（音を為《な》し難《がた》し）

「難」字にレ点が付いているから、「難」字を読む前に「為」字を読みます。そして「為」字にもレ点が付いているから、「為」字を読む前に「音」字を読みます。つまり「音」字を読んでから「為」字を読み、それから「難」字を読みます。したがってこの一文全体で「音を為し難し」という読み方になります。

次に四文字からなる一文を読んでみましょう。

廓メテレ　地ヲ　分カツレ　利ヲ　（地を廓《ひろ》めて利を分かつ）

文字数が増えても、基本に従っていれば恐れることはありません。「廓」字にレ点が付いているので、すぐ下の「地」字を読んでから、この字を読みます。次に「地」字ですが、この字には返り点は何も付いていません。だからこの字は読みます。「地」字を読んだのですから、レ点の決まりに従って、すぐ上の「廓」字を読みます。読み方は「地を廓めて」となり、これで「廓」・「地」の二文字を読みました。続いて「分」字を読もうとすると、この字にレ点が付いています。そこでこの字はとりあえず飛ばしてすぐ下の「利」字を読み、それからレ点の決まりに従って「分」字を読み、「利を分かつ」となります。一文全体の読み方は「地を廓めて利を分かつ」となります。

以テレ　玉ヲ　為スレ　宝ト　（玉《ぎょく》を以て宝と為す）

もう一つ同様の例です。「以」字にはレ点が付いているので、とりあえず飛ばしてすぐ下の字を読んでからこの字を読みます。すぐ下の「玉」字には返り点は何も付いていないので、そのまま読みます。「玉」字を読んだので、すぐ上のレ点が付いている「以」字を読みます。ここまでで「玉を以て」となります。さらに下に続けます。「為」字にはレ点が付いているので、すぐ下の「宝」字を読んでから読みます。「宝」字には何も付いていないので、この字は読みます。そしてすぐ上の「為」字を読みます。「宝と為す」となります。四文字全体の読み方は「玉を以て宝と為す」です。

では次の文はどうでしょうか。

不レ能ハレ無キニレ求ムルコト（求むること無きに能《あた》はず）

やはりレ点の決まりに従って、一文字ずつ見ていきましょう。「不」字にレ点が付いているので、すぐ下の「能」字を読んでから「不」字を読みます。次の「能」字にもレ点が付いているので、すぐ下の「無」字を読んでから「能」字を読みます。次の「無」字にもレ点が付いているので、「求」字を読んでから「無」字を読みます。「求」字には返り点が何も付いていないので、この字は読みます。「求」字を読んだので、すぐ上の「無」字を読みます。「無」字を読んだので、すぐ上の「能」字を読みます。「能」字を読んだので、すぐ上の「不」字を読みます。全体をとおして、「求むること無きに能はず」という読み方になります（「不」字は一般的に古典文法の打ち消しの助動詞「ず」を当てて読むことが多いです。そして書き下し文にする時、助動詞は通常ひらがなで書きます。詳しくは次章で説明します）。

(2) 読み方に従って返り点を付けてみよう

これまで返り点・送り仮名の付いている訓点文を、返り点・送り仮名に従って書き下し文に直すことをとおして、返り点の機能を学んできました。今度はその逆、書き下し文に従って、句点文に返り点を付けてみましょう。

句点文に返り点・送り仮名を付けるとき、読む順番を考えず上から順番に付けているのをよく見かけます。相当な上級者であればそのようなことができるかもしれませんが、初心者の段階でそのような返り点・送り仮名の付け方をするのは、とても難しいです。間違いも多くなってしまうでしょう。句点文に返り点・送り仮名を付ける時は、読み方（書き下し文）に従って、読んでいく順番どおりにまず返り点を付けます。読む順番に返り点を付けるのですから、一文の中で上に行ったり下に行ったりします。返り点を付け終わったら、次に送り仮名を付けていきます。これも読む順番に従います。やはり上に行ったり下に行ったりします。少し面倒でも、この方法で返り点・送り仮名を付けていってみましょう。

棄甲　（甲を棄《す》つ）

この二字は「甲を棄つ」と読みます。この読み方に従って返り点を付ける時には、句点文と読み方を並べて考えていきます。読み方はまず「甲を」と読んで、それから「棄つ」と読むので、句点文では「甲」という字を読んでから、すぐ上の「棄」字を読みます。したがって「棄」字にレ点が付きます。さらに送り仮名を読む順番に従って付けていきましょう。「甲」字に「ヲ」、「棄」字に「ツ」という送り仮名が付きます。返り点・送り仮名が付いた訓点文は、

棄ツ㆑甲ヲ

となります。

恨 別　（別れを恨む）

この二字は「別れを恨む」と読みます。下の「別」字を読んでから、すぐ上の「恨」字を読みます。したがって「恨」字にレ点が付きます。送り仮名は、「別」字に「レヲ」、「恨」字に「ム」が付きます。

恨《ム》レ別《レヲ》

拠 蜀 称 帝　（蜀に拠りて帝と称す）

次は四文字の文です。読み方は「蜀に拠りて帝と称す」です。まず「蜀に拠りて」だから、「蜀」字を読んですぐ「拠」の字を読みます。「拠」の字にレ点が付きます。続いて「帝と称す」と「帝」字の次に「称」字を読むので、「称」字にレ点が付きます。次に読む順番に従って送り仮名を付けていきます。「蜀」字に「ニ」、「拠」字に「リテ」、「帝」字に「ト」、「称」字に「ス」が付きます。

拠《リテ》レ蜀《ニ》称《ス》レ帝《ト》

以 為 畏 狐　（以て狐を畏《おそ》ると為す）

この文の読み方は「以て狐を畏ると為す」です。もとの漢文と読み方を並べてみましょう。まず「以て」と「以」字を読みます。一番上にある字を最初に読むのですから、句点文の「以」字に返り点は何も付きません。続く読みは「狐を」です。句点文の一番下にある文字です。この字から上の方へ返っていきます。どこへ返るのか。読み方を見ると、「狐を畏ると」となっています。つまり句点文「狐」字のすぐ上の「畏」字に返ります。すぐ下の字からすぐ上の字に返るのですから、「畏」字にレ点が付きます。「畏」字を「畏ると」と読んで、次に「為す」と、すぐ上の「為」字を読みます。ここでも「為」字のすぐ下の「畏」字を読んでから、すぐ上の「為」字に返ります。「為」字にレ点が付きます。さらに送り仮名を付けるならば、「以」の右側に「テ」、「狐」字の右側に「ヲ」、「畏」字の右側に「ルト」、「為」字の右側に「ス」を付けます。訓点文は、

以《テ》為《ス》レ畏《ルト》レ狐《ヲ》

となります。

○練習問題1

次の訓点文を読んでみましょう。

① 解《キテ》レ帯《ヲ》為《シ》レ城《ト》、以《テ》レ牒《ヲ》為《ス》レ械《ト》。

② 吾欲《ス》レ用《ヰント》レ兵《ヲ》、誰《カ》可《キ》レ伐《ツ》者《ゾ》。

○解説

① 解《キテ》レ帯《ヲ》為《シ》レ城《ト》、以《テ》レ牒《ヲ》為《ス》レ械《ト》。

「解」字にレ点が付いていて、「帯」字には何も付いていません。返り点の付いていない「帯」字を先に読んでから、「解」字を読みます。次に、「為」字にレ点が付いていて、「城」字には何も付いていません。「城」字を読んでから「為」字を読みます。さらに下に続いていきます。「以」字にレ点が付いていて、「牒」字には何も付いていません。「牒」字を読んで、その次に「以」字を読みます。その下、「為」字にレ点が付いていて、「械」字には何も付いていません。「械」字を読んでその次に「為」字を読みます。全体をとおして、「帯を解きて城と為し、牒《てふ》を以て械と為す。」と読みます。

② 吾欲《ス》レ用《キント》レ兵《ヲ》、誰《カ》可《キ》レ伐《ツ》者《ゾ》。

「吾」字には何も付いていないので、まずこの字を読みます。次に「欲」字にはレ点が付いているので、すぐ下の「用」字を読んだ次に読みます。「用」字にもレ点が付いているので、すぐ下の「兵」字を読んでからこの字を読みます。「兵」字には何も付いていないので、この字は読みます。「兵」字を読んでから「用」字を読み、それから「欲」字を読みます。後半部分、「誰」字には何も付いていないので、まずこの字を読みます。次に「可」字にはレ点が付いているので、「伐」字を読んでから読みます。「伐」字には返り点は付いていないので、この字は読みます。「伐」字を読んだので、すぐ上の「可」字を読みます。そしてその後にいちばん下の「者」字を読みます。全体をとおして、「吾兵を用ゐんと欲す、誰か伐つべき者ぞ。」という読みになります。

○練習問題2

読み方に従って、句点文に返り点・送り仮名を付けてみましょう。

③ 遂　並　轡　論　詩　久　之。　（遂に轡《たづな》を並べて詩を論ずること之を久しくす。）

④ 昇　天　入　地　求　之　遍。　（天に昇り地に入り之を求むること遍《あまね》し。）

○解説

③ 遂　並　轡　論　詩　久　之。

読み方が「遂に」から始まっているので、句点文の一番上の「遂」字には返り点は付きません。次に「轡を並べて」と「轡」字を読んでから「並」字を読むので、「並」字にレ点が付き「轡」字には何も付きません。その下、「詩を論ずること」と「詩」字を読んでから「論」字を読むので、「論」字にレ点が付き「詩」字には何も付きません。「之を久しくす」も「之」字を読んでから「久」字を読むので、「久」字にレ点が付き「之」字には何も付きません。

続いて送り仮名を付けていきます。送り仮名も読む順番に付けていきます。読む順番に「遂」に「ニ」、「轡」に「ヲ」、「並」に「ベテ」、「詩」に「ヲ」、「論」に「ズルコト」、「之」に「ヲ」、「久」に「シクス」と付けていきます。

全体をとおして訓点文は、

遂ニ　並ベテレ　轡ヲ　論ズルコトレ　詩ヲ　久シクスレ　之ヲ。

となります。

④昇天入地求之遍。

「天に昇り」と読むので、「昇」字にレ点が付き、「天」字には何も付きません。次に「地に入り」と読むので、「入」字にレ点が付き、「地」字には何も付きません。そしてさらにその下は「之を求むること遍し」と読むので、「求」字にレ点が付き、「之」字と「遍」字には何も付きません。送り仮名を付けていきます。「天」に「ニ」、「昇」に「リ」、「地」に「ニ」、「入」に「リ」、「之」に「ヲ」、「求」に「ムルコト」、「遍」に「シ」を付けます。全体をとおして訓点文は、

昇《リ》レ天《ニ》入《リ》レ地《ニ》求《ムルコト》レ之《ヲ》遍《シ》。

となります。

3、一二点

一二点は、二字以上隔てて上に返る時に用いる返り点です。漢文の漢字を上から順番に読んでいって、「二」という返り点が付いていたら、とりあえず飛ばします。そのまま下に続けて読んでいって、「一」という返り点が付いている字に来たら、その字を読んで、それからすぐ次に「二」という返り点が付いている字を読みます。そして、一二

点は下から上に返っていくことを示す記号なのですから、必ず文の下から上へ「一」「二」と付いています。

例を見てみましょう。

家　書　抵《ル》㆓万　金《ニ》㆒。

上から順番に読んでいきます。「家」の字には返り点は何も付いていません。だからそのまま読みます。次の「書」の字にも返り点は付いていないので、やはりそのまま読みます。「家書《かしょ》」は「家族からの手紙」という意味の二字熟語です。次の「抵」の字には「二」という返り点が付いているので、この文の下に出てくるはずの返り点「一」が付いている字を読んでから「抵」字を読みます。したがってとりあえず飛ばします。次は「万」という字ですが、これには返り点は付いていないので、そのまま読みます。次の「金」という字には「一」という返り点が付いています。「一」という返り点が付いている字は、出てきた時に飛ばさずに読みます。ここが「二」という返り点や先に見たレ点と違うところです。「一二点」とまとめて呼びますが、「一」点と「二」点では、扱い方が違います。ここも「万金」という二字熟語です。「一」という返り点が付いている「金」という字を読んだら、その後すぐに「二」という返り点が付いている「抵」の字を読みます。これでこの例文の五文字を全て読みました。この一文は「家書　万金に抵《あた》る。」と読みます。

もう一つ見てみましょう。

持《シテ》㆓短　兵《ヲ》㆒接　戦《ス》。

あくまで「上から下へ順番に」です。しかし一番上の「持」字に「二」点という返り点が付いています。したがって、とりあえず「持」字は飛ばします。次の「短」字には返り点は付いていないので読みます。次の「兵」字には「一」点が付いています。「一」点が付いている漢字はそのまま読みます。そして「一」点が付いている「兵」字を読んだので、すぐ次に「二」字が付いている「持」字を読みます。ここまでで「短兵を持して」となります。この文ではさらに下に続いていきます。「接」字には返り点が付いていないので、読みます。さらにその下の「戦」字にも返り点は付いていないので、やはり読みます。これでこの一文の全ての漢字を読みました。全体で「短兵を持して接戦す。」と読むことになります。

　では次の文はどう読むのでしょうか。

張良至リテ㆓軍門ニ㆒見ル㆓樊噲ヲ㆒。

「張」・「良」の二字には返り点は付いていないので、そのまま読みます。「張良」で人名です。次の「至」字には返り点「二」が付いているので、とりあえず飛ばします。次の「軍」字には返り点は何も付いていないので、読みます。次の「門」字には返り点「一」が付いています。「一」点が付いている字はそのまま読んで、その後すぐに「二」点が付いている漢字に返ってその字を読みます。「門」字を読んですぐ次に「至」字を読みます。さらにその下「見」字には「二」点が付いているので、とりあえず飛ばします。次の「樊」字には返り点は付いていないので、読みます。さらにその次の「噲」字には「一」点が付いているので、この字を読んで、すぐに上の「二」点が付いていた「見」字を読みます。「樊噲《はんかい》」は人名です。全体で「張良軍門に至りて樊噲を見る。」と読みます。

　さてここで一つ注意が必要です。この文では一二点が二回出てきました。「至軍門」のところに一度、「見樊噲」のところにもう一度一二点があります。漢文は「上から下へ順番に」が原則です。まず最初に出てくる「至軍門」のところで一二点の付いている漢字を読んでしまいます。この段階で「至軍門」の読みは完了しています。それからさらに下にある「見樊噲」の一二点を読みます。「一」点が付いている字から上にある「二」点が付いている漢字に返ります。決して下に行くことはありません。また下の方にある「一」点の付いた字から、すぐ上の「二」点の付いた字やさらにその上の「一」点が付いた字を飛ばして、もっと上にある「二」点の付いた字に返ることはありません。今の「張良至軍門見樊噲」という例文で言えば、「一」点が付いている「門」字から下にある「二」点の付いた「見」字に行ったり、下の「一」点の付いている「噲」から、上の「二」点が付いている「至」字に返ることはありません。一二点が二組以上ある文章では、「一」点からすぐ上の「二」点がある文字に返ります。ここは間違えないようにしましょう。

項王乃《チ》欲《ス》三東《シテ》渡《ラント》二烏江《ヲ》一。

ではこの訓点文はどのように読むのでしょうか。

人名である「項王」には返り点が付いていないので、そのまま読みます。「乃」字にも返り点は何も付いていないので、やはりそのまま読みます。ここまで「項王乃《すなは》ち」という読み方です。次の「欲」字には「三」という返り点が付いています。これは初めて出てきました。でも使い方は今までの一二点と同じです。「一」点が付いている字を読んでから「二」点が付いている字を読むのですから、同様に「二」点が付いている字を読んでから、「三」点が付いている字を読みます。このルールに従い、「欲」字は下にある「二」点が付いている字を読んでから読みます。したがってとりあえず飛ばします。次の「東」字には返り点が付いていないので、そのまま読みます。次の「渡」字には

「二」点が付いています。これまで同様に、「一」点が付いている字を読んでから、この字を読みます。したがって、とりあえず飛ばします。次の「烏」字には返り点が付いていないので、そのまま読みます。そして「江」字には「一」点が付いています。「一」点が付いている「江」字から「二」点が付いている「渡」字に返ります。「二」点が付いている「渡」字を読んだら、「三」点が付いている「欲」字に返ります。この文は「項王乃ち東して烏江を渡らんと欲す。」と読みます。

もっと長い文だと、「四」点が出てくることもあります。「四」点が出てきた時は、「三」点が付いている字を読んだすぐその次に読みます。

4、上下点・甲乙点・天地点

続いて上下点・甲乙点について説明しましょう。

上下点も一二点と同じような法則で下の字から何文字かを飛び越えて上の字へ返っていくことを示す返り点です。すなわち、「上」点が付いている漢字を読んだら、すぐ次に「下」点が付いている漢字を読みます。ただし、上下点は、一二点が付けられている一句を飛び越えて上に返る時に初めて用いられます。一二点が出てこないのに、上下点だけが単独で出てくることは、絶対にありません。

では次の訓点文を読んでみましょう。

有《リ》㆘以《テ》㆓千金《ヲ》㆒求《ムル》㆓千里《ノ》馬《ヲ》㆒者㆖。

一番上の「有」字には、返り点「下」点が付いている字を読んだ後その次に読みます。だからひとまず飛ばします。次の「以」字には「二」点が付いている字を読んだ後に読むので、これもとりあえず飛ばします。「千」字には返り点はなく、「金」字には「一」点が付いているので、この字は読みます。「千金」の二文字で二字熟語です。「一」点が付いている「金」字を読んだので、すぐ次に「二」点が付いている「以」字を読みます。「以千金」で「千金を以て」となります。この時まだ「上」点が付いた字は出てきていないので、一番上の「有」字は読みません。さらに下に向かって読み進めます。「求」字には「二」点が付いているので、とりあえず飛ばします。「千」・「里」二字には返り点は付いていません。「馬」字には「一」点が付いています。「千里馬」三文字は読みます。「馬」字に「一」点が付いているので、その次にすぐ「二」点が付いている「求」字を読みます。「千里の馬を求むる」となります。さらにその下「者」字には「上」点が付いています。「上」点が付いている字は、「一」点が付いている字と同様に、返り点が付いていてもすぐ読む字です。「上」点が付いている「者」字を読んだら、すぐその次に「下」点が付いている「有」字を読みます。この一句全体をとおして、「千金を以て千里の馬を求むる者有り。」という読み方になります。

ここでこの訓点文に付けられている返り点をもう一度よく見てください。上下点が付けられている字の間に一二点が付けられている句が挟まれていることが分かるでしょうか。このように、「上」点と「下」点の間には必ず一二点が出てきます。上下点が単独で、すなわち一二点がないのに上下点だけが出てくることは、絶対にありません。

念フ下何遽ゾ以テ二凶服ヲ一入ルカヲ中人家ニ上。

続いて次の訓点文を読んでみましょう。

一番上の「念」字には「下」点が付いています。先ほど説明したように、「下」点が付いている字は、「上」点が付いている字を読んだすぐ次に読むはずなので、とりあえず飛ばします。次の「何」・「遽」字には返り点は何も付いていないので、まずこの二文字を読みます。「何遽」二文字で「なんぞ」と読み、「どうして」という意味の疑問詞です。次の「以」字には「二」点が付いていて、「一」点が付いている字が出てきてから読むので、ひとまず飛ばします。次の「凶」字には返り点はなく、その次の「服」字には「一」点が付いているので、この二文字はそのまま読みます。「凶服」で「喪服」という意味の二字熟語です。「服」字に「一」点が付いているので、「凶服」のすぐ次に「二」点が付いている「以」字を読みます。「以凶服」三文字で「凶服を以て」と読みます。次の「入」字の左下には小さく「中」という字が書かれています。これは初めて出てきました。「中」もやはり返り点の一種で、上下点の仲間です。上下点は、「上」点が付いている字を読んだら、すぐ次に「下」点が付いている字を読むと説明しました。しかし「中」点の付いている字があったら、「上」点の付いている字のすぐ次に「下」点が付いている字を読むのではなく、先に「中」点が付いている字を読みます。そしてその次に「下」点が付いている字を読みます。この例文では、「入」字に「中」点が付いているので、この下に出てくるであろう「上」点が付いている字を読んでから、この「入」字を読みます。さらにその下、「人」字に返り点はなく、一番下の「家」字には「上」点が付いています。「人家」二文字を読み、「上」点が付いている「家」字の次に「中」点が付いている「入」字を読みます。そしてそのすぐ次に、「下」点が付いている「念」字を読みます。全体をとおして、「何遽《なん》ぞ凶服を以て人家に入るかを念ふ。」という読みになります。

さて、先に「上下点は必ず一二点を挟むようにして出てきます」と述べました。しかしこの例文では、「上」点の付いている「家」字と「中」点の付いている「入」字の間に、一二点が付いている句は出てきません。しかし、「中」点の付いている「入」字と「下」点の付いている「念」字の間には一二点が付いた「以凶服」という句が出てきます。このように、「上」点・「中」点・「下」点の三つが出てくるときは、「上」点と「中」点の間かあるいは「中」点と「下」点の間のどちらかに一二点の付いた句があればいいのです。もちろん「上」点と「中」点の間、「中」点と「下」点の間の両方に一二点の付いた句が出てきても構いません。一二点が付いた句がどこにもないのに、上下点や上中下点が出てくることは、絶対にありません。

　さて次に甲乙点について説明しましょう。

　甲乙点も、原理は一二点・上下点と同じです。上下点は一二点の付いている句を飛び越えて返る時に使うように、甲乙点は上下点の付いている句を飛び越えて返る時に使います。

　次の訓点文を読んでみましょう。

徴乙ス吏民有下ル明二ラカニシテ当世之務一ニ習中フコト先聖之術上ニ者甲ヲ。

　いちばん上の「徴」字には「乙」点が付いています。この字はこの下に出てくるであろう「甲」点が付いている字を読んだその次に読むので、ひとまず飛ばします。次の「吏」と「民」には返り点は何も付いていないので、そのまま読みます。この「吏民」という二文字は、「官吏と人民」という意味の二字熟語です。その下「有」字には「下」点が付いています。「上」点あるいは「中」点が付いている字を読んだすぐ後に読むので、ここでは飛ばします。その下「明」字には「二」点が付いているので、「一」点が付いている字を読んだすぐ後に読みます。その下の四文字、「当」・「世」・「之」には返り点はなく、「務」には「一」点が付いています。この四文字を上から下へ「当世の務《つとめ》」（「之」字はひらがなで書いた方が日本語らしい表記になるので、ひらがなで書きます。詳しくは次章で説明します）と読み、「務」字に「一」点が付いているので、「務」字の次に「明」字を読みます。「当世の務に明らかにして」となります。さらに下に行きます。「習」字には「中」点が付いています。さらに下にある「上」点が付いている字を読んだすぐ後にこの字を読みます。よってひとまず飛ばします。さらにその下の四文字、「先」・「聖」・「之」には返り点は付いておらず、「術」には「上」点が付いています。この四文字を「先聖の術」と読んで、「上」点が付いている「術」字の次に「中」点が付いている「習」を読みます。「中」点が付いた「習」字を読んで、そのすぐ次に「下」点が付いている「有」字を読みます。さらに下に向かって読み進めます。その下「者」字には「甲」点が付いているので、この字を読んだら、次に「乙」点が付いている「徴」字を読みます。全体をとおして、「吏民の当世の務に明らかにして先聖の術に習ふこと有る者を徴《め》す。」という読みになります。

では次に、示された読み方に従って次の句点文に返り点・送り仮名を付けてみましょう。

欲為聖明除弊事。　（聖明の為《ため》に弊事を除かんと欲す。）

この文は「聖明の為に弊事を除かんと欲す」と読みます。読み方では「聖明」が最初に来ていますので、「欲」も「為」も後から読むということです。ということは、「欲」字・「為」字には何らかの返り点が付くのではないかと予想できます。「聖明の為に」という読み方なので、「明」字から「聖」字を飛ばしてその上の「為」字に返ります。したがって、「明」字に「一」点、「為」字に「二」点が付きます。次に「弊事を除かんと」という読みなので、「事」字から「除」字に返ります。したがって「事」字に「一」点、「除」字に「二」点が付きそうです。次に「除かんと欲す」という読みです。「除」字から「欲」字に返ります。今、「除」字に「二」点を付けました。「除」字から「欲」字に返るのだから、さらに「欲」字に「三」点を付けて、これで終わりのようです。

×欲《ス》三為《ニ》二聖明《ノ》一除《カント》二弊事《ヲ》一。

いや、それはどうでしょうか？「除」字から「欲」字に返るのであり、確かに「除」字に「二」点が「欲」字に「三」点が付きそうです。しかし「除」字と「欲」字の間には「為聖明（聖明の為に）」という、すでに一二点が付いている三文字があります。「除」字から「欲」字に返るためには、すでに一二点が付いている「為聖明」三文字を飛び越えなければなりません。もし「欲」字に「三」点が付いていたら、「三」点が付いている「欲」字の下に「二」点が付いている字が二つあり、「為」字から返るのか「除」字から返るのか分かりません。返り点は、同じレベルの返り点を飛び越えて、さらに上に返ることはできない決まりです。

一二点が付いた句を飛び越えて上に返るためには、上下点を使わなければならないのでした。したがって「除」字に「上」点、「欲」字に「下」点を付ければ、「除」字から一二点が付いている「為聖明」を飛び越えて「欲」字に返れそうです。

×欲《ス》下為《ニ》二聖明《ノ》一除《カント》上弊事《ヲ》一。

でも「除」字に「上」点を付けてしまうと、今度は「事」字から「除」字に返れなくなってしまいます。「事」字から「除」字に返り、さらに「除」字から「欲」字に返る全ての条件を満たさなければならないのです。そういう時に上中下点の「中」点の出番です。「事」字に「上」点、「除」字に「中」点、「欲」字に「下」点を付ければ、この条件を全て満たすことができます。「中」点の付いた「除」字と「上」点の付いた「事」字の間には一二点の付いた句はありませんが、「下」点の付いた「欲」字と「中」点の付いた「除」字の間に「為聖明」という句があり、この句を飛び越えているので、これで問題ありません。

返り点を付け終わったら、次に送り仮名を付けていきます。「聖明の」なので「明」字の右下に「ノ」を送ります。「為に」なので、「為」字に「ニ」を送ります。「弊事を」なので、「事」字に「ヲ」を、「除かんと」なので、「除」字に「カント」、「欲す」なので、「欲」字に「ス」をそれぞれ送ります。全体をとおして、

欲ス下為ニ二聖明ノ一除カント中弊事ヲ上。

となります。

さらに「天地点」という返り点もあります。甲乙点が付けられた句を飛び越えてさらに上に返る時に用いられます。原理は上下点や甲乙点と同じです。しかし天地点を使わなければならない文章は、ごくまれにしか出てきません。

5、レ点と一二点、レ点と上下点の組み合わせ

返り点は、レ点だけしか出てこないとか、一二点や上下点（上中下点）だけしか出てこないということはありません。レ点と一二点・上下点がさまざまな形で組み合わさって出てきます。確かにいろいろな返り点が組み合わさると、複雑になってきます。しかし基本に忠実に、返り点のルールに従って読んでいけば、決して読めない文章はありません。

では次の文を読んでみましょう。

恍惚《トシテ》若《シ》レ有《ルガ》二呼《ブ》レ之《ヲ》者一。

「恍惚」は「ぼんやりと」という意味の二字熟語ですが、二字どちらにも返り点は付いていないので、そのまま読みます。次に「若」字にはレ点が付いています。したがってすぐ下の「有」字を読んでから「若」字を読みます。しかし「有」字には「二」点が付いています。「二」点が付いている字は「一」点が付いている字を読んだその次に読むのでした。だからまだ「有」字を読むことができません。この段階では、「若」字も「有」字もまだ読めないのです。さらに下に行きます。「呼」字にはレ点が付いているので、すぐ下の「之」字を読んだ次に「呼」字を読みます。「之」字には返り点は何も付いていないので、ここでやっと読むことのできる漢字が出てきました。「呼之」は「之を呼ぶ」となります。さらに下に行くと、「者」字があり、ここに「一」点が付いています。「一」点が付いている字はすぐに読んで構いません。「者」字を読み、次に「二」点が付いている「有」字を読みます。「有」字を読んだので、ここでやっと「若」字を読むことができるのです。全体をとおして、「恍惚として之を呼ぶ者有るが若《ごと》し。」という読み方になります（「ごとし」は、日本語の古典文法では助動詞です。助動詞は仮名書きにすることが多いのですが、ここはとりあえず漢字書きにしておきます）。

では次の文はどうでしょうか。

一人言《フ》二市《ニ》有《リト》レ虎。

「一」字「人」字には返り点が付いていないので、そのまま読みます。この二文字は「一人」という二字熟語であることは、すぐ分かるでしょう。次の「言」字には「二」点が付いているので、下の方に出てくる「一」点が付いている字を読んでから、この字を読みます。「市」字には返り点が付いていないので、そのまま読みます。次の「有」字の左下には「一レ」という記号が付いています。初めてこんな記号を見ると、驚いてしまいます。でも心配ありません。「一レ」という記号は、「一」点と「レ」点が一緒に出てきているだけです。基本に忠実に読み方を考えてみましょう。

「一」点が付いている字は、返り点が付いていてもその字は読み、そしてそのすぐ後に「二」点が付いている文字を読むというのが決まりでした。「有」字には「一」点が付いているので、すぐ読みたいところです。しかし同時に「レ」点が付いています。「レ」点が付いている以上、先にすぐ下の字を読まなければなりません。「有」字のすぐ下に「虎」字があります。「虎」字を読んですぐ「有」字を読みます。「有」字を読んだら、そこには「一」点が付いているので、その後すぐ「二」点が付いている「言」字を読みます。全体をとおして、「一人市に虎有りと言ふ。」という読みになります。

次の例文はどう読めばいいでしょうか。

今至《ル》下大《イニ》為《シ》二不義《ヲ》一攻《ムルニ》上レ国《ヲ》。

「今」には返り点が付いていないので、そのまま読みます。「至」字には「下」点が付いているので、「上」点または「中」点が付いている字を読んだその次に読みます。「大」字には何も付いていないので、そのまま読みます。「為」字には「二」点が付いているので、「一」点が付いている字を読んだその次に読みます。「不」字には何も付いておらず、「義」字には「一」点が付いているので、この二文字はそのまま読みます。「一」点が付いている「義」字を読んだすぐ次に、「二」点が付いている「為」字を読みます。「為不義」は、「不義を為し」となります。さらに下に行くと、「攻」字に「上レ」という記号が付いています。これは「上」点とレ点が一緒になっているだけです。「上」点が付いている「攻」字を読んだすぐ後に「下」点が付いている「至」字を読みます。でも「攻」字を読もうとすると、ここにはレ点も付いているので、「攻」字を読む前にすぐ下の「国」字を読まなければなりません。「国」字を読み、次に「攻」字を読み、そして「至」字を読みます。これで全ての字を読みました。全体をとおしての読み方は、「今大いに不義を為《な》し国を攻むるに至る。」となります。

6、熟語を示す記号「‐」

厳密に言えば返り点ではないのですが、返り点とともに用いられる特殊な記号「‐」について説明しましょう。まず次の訓点文を見てください。

秦人恐二‐喝《シテ》諸侯《ヲ》一求《ム》レ割《カンコトヲ》レ地《ヲ》。

これまでの学習に従い、返り点に従って読んでみましょう。「秦人」にはいずれも返り点が付いていないので、そのまま読みます。「恐」字には「二」点が付いているので、この下に出てくる「一」点の付いている文字を読んだその次に読みます。次の「喝」字には返り点は付いていないので、本来ならこの字を読みます。しかし「恐」字と「喝」

字の間に「‐」という記号が入っています。この記号は、その上にある字と下にある字を結びつけ、二字熟語であるなど意味の上で離すことのできない二字であることを示します。ここでは「恐」字と「喝」字の間にあるので、この「‐」という記号があることによって、「恐喝」の二文字が一つのまとまりであり、この二字は一緒に読まなければならないということを示しているのです。だから「喝」字は「恐」字を読む時に合わせて読みます。そのため「喝」字には返り点は付いていませんが、ひとまず読むのを飛ばします。そして「諸侯」の「侯」字に「一」点が付いているので、「侯」字を読んでから、その後すぐ「二」点の付いている「恐」字に返ります。そして「恐」字と「喝」字を一緒に読むのですから、「恐喝諸侯」は「諸侯を恐喝して」と読みます。さらに下に続けていきます。「求」字・「割」字にレ点が付いています。これはこれまで学習したとおり、返り点のルールに従って、「地」字を読んでから「割」字を読み、その次に「求」字を読みます。この文全体をとおして、「秦人諸侯を恐喝して地を割かんことを求む。」という読みになります。

もう一つ例を見てみましょう。

諸葛亮寓㆓‐居ス襄陽ノ隆中ニ㆒。

「諸葛亮」は人名、「襄陽」と「隆中」は地名です。「諸葛亮」三文字には返り点は付いていません。「寓」字に「二」点が付いており、「寓」字と「居」字の間に二字ひとまとまりであることを示す記号「‐」が付けられています。よって「寓居」の二文字をまとめて読まなければなりません。「居」字には返り点は付いていませんが、ここでは読まずに下へ続けていきます。その下、「襄陽」には返り点は付いていません。「隆中」の「中」字に「一」点が付いているので、「中」字の次に「二」点が付いている「寓」字を読みます。「寓」字と「居」字を合わせて読むことを忘れないようにしましょう。この文は全体で「諸葛亮襄陽の隆中に寓居す。」という読みになります。

○練習問題

では示された書き下し文に従って、次の句点文に返り点・送り仮名を付けてみましょう。いずれも「－」記号があります。

①詣慈恩仏舎、遍歴僧院、淹留移時。

慈恩仏舎に詣《いた》り、僧院を遍歴し、淹留して時を移す。

②臣所以去親戚而事君者、徒慕君之高義也。

臣の親戚を去りて君に事《つか》ふる所以《ゆゑん》の者は、徒《た》だ君の高義を慕へばなり。

③願王之熟計之也。

王の之を熟計せんことを願ふなり。

○解説

①詣慈恩仏舎、遍歴僧院、淹留移時。

「慈恩仏舎」で「慈恩寺」というお寺のことです。「慈恩仏舎に詣り」という読みなので、「慈」・「恩」・「仏」には返り点は何も付かず、「舎」字から「詣」字に返るので、「舎」字に「一」点、「詣」字に「二」点が付きます。次の句、「僧院を遍歴し」という読みで、「院」字から「遍」字に返ります。したがって「院」字に「一」点、「遍」字に「二」点が付きます。さらに「遍歴」をまとめて一緒に読むので、この二文字が一まとまりであることを示さなければなりません。「遍」字と「歴」字の間に「-」記号を入れて、この二文字を結びつけます。三句目、まず「淹留して」という読みなので、句点文の「淹」・「留」二字には返り点は付きません。続いて「時を移す」という読みで、句点文の「時」字からすぐ上の「移」字に返るので、「移」字にレ点が付きます。この文の訓点文は、

詣《リ》二慈恩仏舎《ニ》一、遍二-歴《シ》僧院《ヲ》一、淹留《シテ》移《ス》レ時《ヲ》。

となります。

②臣所以去親戚而事君者、徒慕君之高義也。

書き下し文のいちばん最初に「臣の」とあるので、句点文の「臣」字には返り点は何も付きません。次に「親戚を去りて」なので、「戚」字に「一」点、「去」字に「二」点が付きます。続いて句点文には「而」字がありますが、書き下し文には出てきていません。これは「置き字」と呼ばれる字で、送り仮名にすでにこの字の意味が出ているので、改めて読まない字です。詳しくは次章で説明します。よってここではそのまま何もせず、下に進んでいきます。次は「君に事ふる所以の」なので、「事」字にレ点が付きます。そして「事」字から「所以」に返ります。ここが二文字一まとまりのところです。「事」字から「所以」の「所」字に返るので、「事」字に「一」点、「所」字に「二」点を付けようとすると、「所」字と「事」字の間に一二点のついた「去親戚」という句があります。この句を飛び越えて返らなければならないので、「事」字から「所」字へ返ることを示すのに一二点は使えません。そこで上下点を

使います。「事」字に「上」点、「所」字に「下」点が付きます。結果として「事」字には「上レ」点が付くことになります。そして「所以」で一まとまりの二字なので、「所」字と「以」字の間に「‐」記号を付けます。「所以」二字を読んだら、次は下に向かって「者は」という読みで、「者」字には返り点は何も付きません。

後半の最初の読みは「徒だ」なので、句点文の「徒」字には返り点は付きません。その下「君の高義を慕へば」なので、「君」・「之」・「高」字には返り点は付かず、「義」字に「一」点、「慕」字に「二」点がつきます。そして文末の「なり」は「也」字に相当するので、この字には返り点は付きません。

全体をとおして、

臣ノ所‐下以ノ去リテ二親戚ヲ一而事フル上レ君ニ者ハ、徒ダ慕ヘバ二君之高義ヲ一也。

という訓点文になります。

③願王之熟計之也。

書き下し文は「王の」から始まるので、句点文も「王之」のところから見ていきます。句点文の「王之」が読み方の「王の」に当たります。ここは返り点は付きません。続いて「之を熟計せんことを」という読みで、句点文の「熟計之」に相当します。「之」字から「熟」字に返るので、「之」字に「一」点、「熟」字に「二」点が付きます。ただこれで終わりではなく、「熟計せんことを」と「熟計」二文字を続けてまとめて読むので、「熟」字と「計」字の間に二文字が連続していることを示す「‐」記号を入れます。

読み方はさらに「願ふなり」と続いていて、「計」字から「願」字に返らなければなりません。普通なら「計」字に「一」点を付け、「願」字に「二」点を付けるところです。しかし「計」字のすぐ上の「熟」字にすでに「二」点が付いています。「一」点の上に「二」点の付く字が続けて二つ出てくることになります。「一」点からいちばん近い「二」点を飛び越えて別の「二」点に返るのは、返り点のルール上できません。では上下点を使うというのはどうでしょうか。上下点のルールでは、「上」点と「下」点の間に「一」点から「二」点に返る句がなければなりません。ここではそれには当てはまらないので、上下点を使うことはできません。

この場合、「‐」記号があることで、「熟計」が二文字で一かたまりになっているのですから、「熟」に「二」点が付いているので、さらに「願」字に「三」点を付ければいいのです。本来のルールならば「二」点が付いている「熟」字から「三」点が付いている「願」字に返ることになるのですが、「‐」記号がある場合にはこちらが優先され、「熟計」と二文字を読んでから「三」点の付いている「願」字に返ります。したがってこの文の訓点文は、

願フ三王之熟二‐計センコトヲ之ヲ一也。

となります。

ところで、もしこの一文の「王之」の二文字がなく、

願熟計之也。

という文章になって、「之を熟計せんことを願ふなり。」という読み方だとしたら、返り点はどのように付ければいいのでしょうか。「熟計之」の部分は、先のとおりです。そして「計」字から「願」字に返るのですが、今度は返るべ

き「願」字が「‐」で結びつけられている二文字「熟計」のすぐ上にあります。

この場合、やはり「願」字に「三」点を付けるのが正解です。「熟計」が二文字一まとまりだとは言っても、やはり「計」字を読んでから、間の一文字を飛ばして上に返るので、このような返り点の付け方になります。「願」字にレ点を付けてもよさそうですが、そうはなりません（江戸時代以前の古い本では、そのような返り点が付けられていることがあります。しかし現在の漢文の学習では、一般的ではありません）。やはりレ点は「すぐ下の文字から返る」という機能が重要だからでしょう。「願熟計之也。」の訓点文は、

願《フ》三熟二‐計《センコトヲ》之《ヲ》一也。

となります。

7、句点文に返り点を付ける練習

それでは、読み方に従って返り点・送り仮名を付ける練習をしてみましょう。手順は次のとおりです。

1、句点文と書き下し文を並べて、両方をよく比較する。
2、書き下し文に従って、返り点だけを先に付ける。
3、書き下し文と今自分が付けた返り点に従って、送り仮名を付けていく。

この手順を必ず守ってください。句点文の上から下へ返り点と送り仮名を同時に付けていく方法では、なかなか正しく返り点・送り仮名を付けていくことはできません。

○練習問題

書き下し文を参照しながら、以下の句点文に返り点・送り仮名を付けてみましょう。

①客 有 教 燕 王 為 不 死 之 道 者。

客燕王に不死の道を為《おさ》むるを教ふる者有り。

②甚 入 人 園 圃 窃 桃 李。

人の園圃に入りて桃李を窃《ぬす》むより甚だし。

③少 得 団 円 足 怨 嗟。

団円を得ること少くして怨嗟足る。

④怪 入 門 時 無 客。

門に入りし時客無きを怪しむ。

○解説

①客有教燕王為不死之道者。

客燕王に不死の道を為むるを教ふる者有り。

まず句点文と書き下し文を並べて、語順の違いに注目しながら、両方をよく見ます。

次に書き下し文に従って、返り点だけを付けていきます。書き下し文の始めは「客燕王に〜」なので、句点文の「客」字には返り点は付きません。そして書き下し文は「燕王に」なので、句点文の「有」・「教」字と語順が異なっています。ということは、「有」・「教」字には後で何らかの返り点が付くことになります。書き下し文をさらに進んで読んでいくと、「不死の道を」となっていて、句点文の「為」字も語順が異なっています。ということは、この「為」字にも後から返り点が付くことになります。書き下し文「不死の道を」の次は「為むる」です。「道」字の次に「為」字を読んでいます。ここで返り点の登場です。「道」字から四文字上の「為」字に返るので、レ点ではなく一二点の出番です。「道」字のすぐ次に「為」字を読むのだから、「道」字に「一」点、「為」字に「二」点が付きます。書き下し文は、続いて「為むるを教ふる」です。「為」字の次に「教」字を読んでいます。「為」字に「一」点を、「教」字に「二」点を付けたいところですが、「為」字にはすでに「二」点が付いています。「二」点が付いている「為」字からさらに上の「教」字に返るのだから、「教」に「三」点を付けます。書き下し文はさらに「〜教ふる者有り」と続きます。「教」字を読んだ次は「者」字を読みます。そして「者」字の次に何文字も離れた上にある「有」字を読みます。「者」字に「一」点を、「有」字に「二」点を付けたいところですが、もうすでに「教」字に「三」点・「為」字に「二」点・「道」字に「一」点が付いています。そして「者」字から「有」字まで、一二三点が付けられた句を飛び越えて返らなければなりません。そこで登場するのが上下点です。「者」字に「上」点、「有」字に「下」点を付けます。句点文に返り点だけを付けると、

客 有㆘ 教㆔ 燕 王 為㆓ 不 死 之 道㆒ 者㆖。

となります。

続いて送り仮名を付けていきます。やはり読む順番に従います。書き下し文は「客燕王に」なので、「客」「燕」字には何も付きません。「王」字に「ニ」が付きます。「不死の道を」の「の」は、句点文の「之」をひらがなに直したものです。詳しくは次章「書き下し文」のところで説明します。したがって「不」「死」「之」三文字には何も付きません。「道」字に「ヲ」が付きます。書き下し文は続いて「為むるを」なので、「為」字に「ムルヲ」が付きます。さらに「教ふる」なので、「教」字に送り仮名「フル」がつきます。さらに書き下し文は「者有り」なので、「者」字には何も付かず、「有」字に「リ」が付きます。出来上がった訓点文は、

客 有リ㆘ 教フル㆔ 燕 王ニ 為ムルヲ㆓ 不 死 之 道ヲ㆒ 者㆖。

となります。

② 甚 入 人 園 圃 窃 桃 李。

　人の園圃に入りて桃李を窃むより甚だし。

まず句点文と書き下し文をよく見比べて、おおよその語順の違いを理解しましょう。「人の園圃に入りて」の読みに合わせて、「圃」字から「入」字に返ります。「圃」字に「一」点、「入」字に「二」点が付きます。「桃李を窃むより」なので、「李」から「窃」に返ります。「李」に「一」点、「窃」字に「二」点が付きそうです。しかしその後

「窃むより甚だし」と「窃」字からさらに一二点の付いている「入人園圃」の句を飛び越えて「甚」字に返らなければなりません。「窃」に「二」点を付けて「甚」に「三」点を付けると、「三」点の付いた字の下に「二」点が付いた字が「入」と「窃」の二つあることになります。通常「三」点の付いている字は、その字からいちばん近いところにある「二」点の付いた字から返ります。「甚」字に「三」点を付けると、「入」字から返らなければならなくなり、書き下し文のような読み方ができなくなってしまいます。そこで上下点を用いて「李」字に「上」点を付け、その後「窃」字に「中」点、「甚」字に「下」点を付けます。句点文に返り点だけを付けた文は、

甚㆘入㆓人園圃㆒窃㆗桃李㆖。

となります。

続いて送り仮名を付けていきます。まず「人の」なので、「人」字に「ノ」が付きます。「園圃に」なので、「圃」字に「二」が付きます。「入りて」なので、「入」字に「リテ」が付きます。「桃李を」なので、「李」に「ヲ」、「窃むより」なので「窃」字に「ムヨリ」、「甚」字に「ダシ」が付きます。訓点文は、

甚《ダシ》㆘入《リテ》㆓人《ノ》園圃《ニ》㆒窃《ムヨリ》㆗桃李《ヲ》㆖。

となります。

③ 少レ得二団円一足二怨嗟一。

団円を得ること少くして怨嗟足る。

まず返り点を付けます。「団円を得ること」なので、「円」字に「一」点が、「得」字に「二」点が付きます。「得ること少くして」と「得」字からすぐ上の「少」に返るので、「少」字にレ点が付きます。「怨嗟足る」と「嗟」から「足」に返るので、「嗟」字に「一」点、「足」字に「二」点が付きます。

少レ得二団円一足二怨嗟一。

続いて送り仮名を付けてみましょう。「団円を」なので、「円」に「ヲ」、「得ること」なので、「得」字に「ルコト」、「少くして」なので、「少」字に「クシテ」、「怨嗟足る」なので、「足」字に「ル」が付きます。訓点文は、

少《クシテ》レ得《ルコト》二団円《ヲ》一足《ル》二怨嗟一。

となります。

④ 怪 入 門 時 無 客。

門に入りし時客無きを怪しむ。

「門に入りし」と「門」からすぐ上の「入」に返るので、「入」字にレ点が付きます。「入りし時」は上から下へ順番に読んでいるので、ここには返り点は付きません。「客無きを」なので、「無」字にレ点が付きます。「無きを怪し

む」と「無」字から「怪」字に返るので、「無」字に「一」点、「怪」字に「二」点が付きます。「無」字にはレ点と「一」点の二つの返り点が付いていることに注意しましょう。

怪二 入レ 門 時 無一レ 客。

送り仮名を付けていきます。「門に」なので「門」字に「ニ」、「入りし」なので「入」字に「リシ」が付きます。「時」字・「客」字には何も付きません。「無きを」なので「無」字に「キヲ」、「怪しむ」なので「怪」字に「シム」が付きます。訓点文は、

怪シム二 入リシレ 門ニ 時 無キヲ一レ 客。

となります。

第四章　書き下し文

本章では、書き下し文について詳しく説明します。

1、書き下し文は日本語である！

すでに述べたように、書き下し文は、漢文を漢字仮名交じり文に直したもの、すなわち日本語です。古典中国語を古典日本語に訳したものとも言えるでしょう。書き下し文には、漢字の他、ひらがなも使われています。ひらがなは日本語を表記するための文字なのだから、ひらがなが用いられている時点で、すでに日本語であることがはっきりしています。

時々書き下し文はまだ中国語であるように勘違いしているようなこともあります。落ち着いて考えれば、明らかな間違いであることはすぐ理解できるでしょう。でもそのような勘違いをするのも、分からなくもありません。一つには、書き下し文は漢文を読んだり、漢文を勉強したりする時にしか出てこないからだと思います。漢文は、そのおもとの白文あるいは句点文の段階であれば、まだ古典中国語だと言うことができます。しかし返り点・送り仮名を付けた段階では、もはや日本語に翻訳されたものなのです。返り点は、中国語を日本語の語順で読むために付けた記号です。送り仮名は、日本語を表記するためのカタカナを使っています。これだけでもはや日本語に翻訳したものになっているのです。まして一般的な日本語の表記法である漢字仮名交じり文に書き表したものは、完全な日本語です。

また先に「古典日本語訳」と言いました。確かに漢文訓読は『源氏物語』や『枕草子』のような純粋な古典の和文とは少し違う、独特な口調をしています。だから日本語とは違うと感じてしまうのかもしれません。でも漢文訓読で使われる文法は、古典日本語の文法に従います。動詞や形容詞、助動詞の活用は、古典日本語のものです。漢文訓読の中にも、係り結びの法則など、古典日本語の文法に出てくる決まり事は、そのまま出てきます。

漢文訓読の学習は、とりもなおさず古典日本語の学習なのだということを忘れずにいましょう。

2、書き下し文のルール

では書き下し文を書く時のルールや注意することを説明しましょう。

(1) できるだけもとの漢文の漢字を残す

もとの漢文（白文・句点文）はもちろん漢字ばかりです。それを書き下し文に直す時、できるだけもとの漢字はそのまま残して、返り点に従って（上達すれば、返り点がなくても）、日本語の語順に直し、さらに送り仮名を付けていきます。次の訓点文を書き下し文に直してみましょう。

点画信《まか》セテレ手ニ煩ハス二推求ヲ一。

前章で説明したように、上から順に読んでいきます。「点画」は二字熟語ですし、返り点は何も付いていないので、そのまま読みます。また送り仮名もありません。訓読もそのまま「点画」です。次の二文字は、「信」字にレ点が付いているので、すぐ下の「手」字を先に読みます。「手」字には返り点は付いていないので、この字を読みます。送り仮名として「手」に「ニ」、「信」に「セテ」とあります。「信手」は「手に信《まか》せて」と読みます。ここで「信」字のすぐ横に「まか」とひらがなでふりがなが付けられています。これはいつも出てくるわけではありませんが、難しい漢字や難しい読み方、あるいは特別な読み方の時に付けられることがあります。書き下し文を書く時には、必ずしも付ける必要はありません。

さらに下に続けていきます。「煩」字には返り点「二」が付いているので、下にあるはずの、返り点「一」が付いている字の次に読みます。ここではとりあえず飛ばします。「推」字には返り点も送り仮名も付いていないので、そのまま読みます。次の「求」字には返り点「一」と送り仮名「ヲ」が付いています。すぐ上の「推」字と合わせて、「推求を」と読みます。返り点「一」が付いている「求」の次に「二」が付いている「煩」字を読みます。「煩」には「ハス」という送り仮名が付いています。「煩推求」で、「推求を煩はす」となります。そしてこの一文をとおして、「点画手に信せて推求を煩はす。」という書き下し文になります。

なお高等学校の漢文の学習の中で、時々「ひらがなばかりで書き下し文にせよ」と指示されることがあります。これは一つ一つの漢字の読み方を含めて、訓点文や句点文が正しく読めるかどうかを尋ねる問題であったりその練習であったりする場合です。その時は指示どおり、ひらがなばかりで書きましょう。そうでない場合は、もとの漢文の漢字をできるだけそのまま残して書き下し文を書きます。

また、時々訓点文の漢字にふりがなが付けられていると、書き下し文にした時にふりがなの付いている漢字をすべてひらがな書きにしている間違いを見かけます。訓点文の漢字に付けられているふりがなは、あくまで漢字の読み方を示しているだけです。ひらがな書きを指示するものではありません。

（2）もとは漢字でも、ひらがなに直して書く文字

では次の訓点文を書き下し文にしてみましょう。

思ヘドモレ君ヲ不レ見エ下ル二渝州ニ一。

「思」字にはレ点が付いているので、下の「君」字の次に読みます。「君」字には返り点はありません。「思君」は、送り仮名を補って「君を思へども」と読みます。「不」字にはレ点が付き、すぐ下の「見」字には返り点は付いていないので、送り仮名を合わせて、「見え不」となります。さらにこの下、「下渝州」は、「下」字に「二」点、「州」字に「一」点が付いているので、「渝州に下る」と読みます。全体をとおすと、「君を思へども見え不渝州に下る。」という書き下し文になります。

　でもこの書き下し文、日本語の文として見ると、何となくおかしくないでしょうか。「見え不」の部分がやはり不自然です。ではこの部分はどんな読み方でどんな意味でしょうか。

　古典中国語の「不」という字は、用言（動詞・形容詞）を否定する時に用いられる否定詞です。漢文訓読する時は、古典日本語の打ち消しの助動詞「ず」を当てて読むことが多いです。ここも漢文の「不見」は「見えず」と訓読します。先ほどの「君を思へども見え不渝州に下る」という書き下し文も「君を思へども見えず渝州に下る」と書けば、

日本語として自然な漢字仮名交じり文になります。

　書き下し文は、もとの漢文の漢字をできるだけそのまま書くというのが原則です。しかし書き下し文で漢字で書いてしまうことで、日本語としてかえって不自然になってしまう場合は、その漢字はひらがなで書くこともあります。漢文訓読、そしてそれを書き表した書き下し文は、あくまで日本語です。だから「日本語として不自然でないように書く」ということが、とても重要なのです。

　もう一つ例を見てみましょう。

独リ与ノミ㆓老翁㆒別ル。

　これを書き下し文にすると、どうなるでしょうか。「独」字には返り点が付いていないので、そのまま読みます。次の「与」字には、返り点「二」が付いているので、「一」点が付いている字の次に読みます。「老」には返り点はありません。「翁」字には「一」点が付いているので、この字を読んですぐに上の「二」点が付いている「与」字を読みます。「老翁」で「年老いた男性、おじいさん」という意味の二字熟語です。そして一番下の「別」字を読みます。もとの漢字はそのまま残して全体をとおして書き下し文にすると、「独り老翁与のみ別る。」となります。でも「老翁与のみ」の部分は、日本語の文としてはやはり違和感があります。ここの「与」字は、中国語では動作の対象を示す「介詞《かいし》」と呼ばれるものです。介詞というのは、英語など西洋言語の「前置詞」に相当しますが、語順は異なります（詳細は第六章で説明します）。この「与」は、「～と」、「～といっしょに」という意味で、漢文訓読の時は「と」という読みを当てます。日本語で「と」は格助詞で、日本語の文章中ではひらがなで書きます。だから先ほどの書き下し文も、「独り老翁とのみ別る」とすれば、日本語表記として、違和感はなくなります。これも、もとの漢文では漢字で書かれているけれども、書き下し文ではひらがなに直した方がいい例です。

中学校や高等学校の国語の中で学習する漢文では、「書き下し文では、助詞・助動詞は仮名書きにする」と習うことがあります。例えば、

天帝使《ム》三我《ヲシテ》長《タラ》二百獣《ニ》一。

という一文の書き下し文は、できるだけもとの訓点文の漢字はそのまま書くという原則に従えば、「天帝我をして百獣に長たら使《し》む。」となります。そしてこの書き下し文は、必ずしも日本語として違和感のある書き方ではありません。だからこの書き下し文で間違いではありません。

しかし中学校・高等学校の漢文の学習の中で言われる「助詞・助動詞は仮名書きにする」という決まりを厳密に当てはめると、「使む」は使役の助動詞なのだから、仮名書きにしなければなりません。そうすると書き下し文は「天帝我をして百獣に長たらしむ」となります。そして日本語の書き方として見ても、この書き下し文は特に違和感のあるものでもありません。しかし「もとの訓点文の漢字はそのまま書く」という原則に反してしまいます。

先の「与（と）」や「不（ず）」のように、漢文訓読した時に助詞や助動詞として読む漢字をもとの訓点文の漢字を書き下し文でもそのまま書いてしまうと、できあがった書き下し文が日本語として不自然になってしまうことがあります。その一方助動詞の中には、書き下し文で漢字で書いても日本語として不自然ではない場合があります。意味は違っても同じ助動詞でありながら、ある時は仮名書きにしなければならない、ある時は漢字で書かなければならないとなってしまうと、その境界線がはっきりしなくなってしまいます。一つ一つの助動詞でこれは仮名書き、これは漢字書きと決める方法もありますが、それでは一つ一つの助動詞について仮名書きか漢字書きかを覚えていかなければ

ならず、漢文の学習の本筋から外れるところで余分な労力を使ってしまうことにもなりかねません。中学生・高校生に漢文を楽しく学習してもらうためにも、余分な労力はできるだけ省いた方がいいでしょう。そこで明確な境界線を設ける必要があります。もし「助詞・助動詞も全て漢字書き」としてしまうと、先の「不」のように日本語として不自然な書き下し文になってしまうことがあります。そこで「助詞・助動詞は仮名書きにする」という明確な境界線を設けて、学習することにしているのです。書き下し文を書く時には「訓点文の漢字はそのまま書く」というのが大原則ですが、中学生・高校生の方は、書き下し文では「助詞・助動詞は仮名書きにする」というもう一つのルールも付け加えて、国語の先生のご指導のもと、学習を進めていただければと思います。

(3) 日本語で活用する場合は、漢字の読み方は必ずしも一定ではない

次の訓点文を読んでみましょう。

不レ知《ラ》二其《ノ》趣《ヲ》一。

訓読する時「不」は打ち消しの助動詞「ず」を当てるので、この訓点文の書き下しは「其の趣を知らず。」となります。では次の訓点文はどうでしょうか。

不《ル》レ知《ラ》二其《ノ》趣《ヲ》一也。

同じ文なのですが、文末に「也」字を付けました。この「也」という字は、古典中国語としては断定を表したり疑

問や反語を表したり、文中にある時は並列を表したりする意味があります。ここでは文末にあって、断定を表しています。「也」が断定の意味の時は、訓読では断定の助動詞「なり」を当てて読みます。これを踏まえてこの文を書き下し文にすると、「其の趣を知らざるなり。」となります。断定の助動詞「なり」は連体形接続なので、「なり」のすぐ上の単語は、名詞・代名詞か、活用語の連体形になります。だから打ち消しの助動詞「ず」は連体形にして、「ざる」と読まなければなりません。

ところが「×其の趣を知らずるなり」と誤っている書き下し文を見かけることがあります。その原因はいくつか考えられますが、おそらく次のような場合がいちばん多いのではないでしょうか。すなわち、「不知其趣。」の時のように、「不」は「ず」と読む。この「不知其趣也。」の文でも、「不」は「ず」と読み、さらに送り仮名に「ル」が付いているのだから、「×其の趣を知らずるなり」と読むのだ、と。

確かに「不」字は、漢文訓読では「ず」と読みます。しかしあくまで「不」字に打ち消しの助動詞「ず」を当てているだけです。日本語の文章中では、打ち消しの助動詞「ず」は後に続く単語によって活用（語形変化）をします。書き下し文は日本語です。だから書き下し文中に出てくる打ち消しの助動詞「ず」は、後に続く単語によって活用し、語形が変化します。「不知其趣。」なら、「其の趣を知らず。」で文が終わるので、打ち消しの助動詞「ず」は終止形となり、「不」は「ず」と読みます。一方「不知其趣也。」なら、「不」字の後に、さらに断定の意味の「也」字を読まなければなりません。書き下し文で断定の助動詞があるのだから、そのすぐ前にある打ち消しの助動詞「ず」は連体形「ざる」になり、訓点文の「不」は結果として「ざる」と読むことになります。このように、訓点文の漢字に活用する語が当てられている場合、その時々の活用形に応じて漢字の読み方は変わってきます。決して一つの読み方に固執してはなりません。

（4）引用を示す「ト」の書き方

ある一定以上の長さの文章を読んでいると、文中の登場人物によるセリフなどが引用されることがあります。次の文章を見てみましょう。

相如視《テ》四秦王無《キヲ》三意《ニ》償《フ》二趙《ニ》城《ヲ》一、乃《チ》前《すすミテ》曰《ハク》、「璧《ニ》有《リ》レ瑕、請《フ》指《シテ》示《サント》レ王《ニ》。」
王授《ケ》レ璧《ヲ》、相如因《リテ》持《チテ》レ璧《ヲ》却立《シテ》倚《ル》レ柱《ニ》。

これを書き下し文にすると、

相如秦王意に趙に城を償ふ無きを視て、乃ち前みて曰はく、「璧に瑕有り、請ふ指して王に示さん。」と。王璧を授け、相如因りて璧を持ちて却立して柱に倚る。

となります。文頭の「相如」は人名で、藺相如《りんしょうじょ》のことです。藺相如は戦国時代末期、趙の国の政治家です。「璧有瑕、請指示王。」が藺相如のセリフです。そして訓点文には「示」字に「サント」という送り仮名が付いています。すると「璧有瑕、請指示王。」の部分の書き下し文は、

×璧に瑕有り、請ふ指して王に示さんと。

となりそうですが、そうではありません。

訓点文の送り仮名「サント」の「サン」は、動詞「示す」の未然形活用語尾の「サ」に意志の助動詞「む（ん）」の終止形が付いたもので、「示さん」で「お示ししましょう」という意味になり、ここまでが藺相如のセリフに含まれます。送り仮名「サント」の「ト」は、引用を示す格助詞の「と」です。つまりセリフの外にあるはずの言葉です。だから書き下し文に直すときには、

曰はく、「璧に瑕有り、請ふ指して王に示さん。」と。

と、「と」をかぎ括弧の外に書かなければなりません。現代日本語の文章で、たとえば、

彼は「明日行くね。」と言った。

というように、引用の格助詞「と」をかぎ括弧の外に書くのと同じことです。訓点文ではこの「ト」を記すところが「サン」の後しかないので、便宜上セリフの最後、「サン」という形容詞の活用語尾の後に記しているに過ぎません。訓点文のカギ括弧の中に「ト」があるから、書き下し文もカギ括弧の中に書くというのではないことに気をつけましょう。

（5）もとの漢文にはあるのに、書き下し文では書かない文字

① 置き字

置き字とは、送り仮名としてその字の意味をすでに読んでいることによって、読まないように見える漢字のことです。

例を見てみましょう。

荷《ヒテ》レ戈《ヲ》而帰《ル》。

この文を書き下し文に直すと、通常、

戈を荷《にな》ひて帰る。

となります。この訓点文と書き下し文を比べてみましょう。訓点文の「荷」・「戈」・「帰」字は、書き下し文にもあります。しかし訓点文にはある「而」字が、書き下し文の中にありません。書き下し文を作るときにはできるだけもとの漢文の漢字は残すはずなのに、「而」字はいったいどこに行ったのでしょうか。

この漢文の文で、「而」字は順接の接続詞です。「荷戈（戈を荷ふ）」という動作と「帰（帰る）」という動作をつなぐ働きをします。一方書き下し文では、「戈を荷ひ」までが一つの動作で、もとの漢文の「荷戈」に相当します。また書き下し文の「帰る」が漢文の「帰」に相当します。「戈を荷ひ」と「帰る」を順接の関係でつないでいるのが、接続助詞「て」です。漢文では接続詞「而」という字で示されている意味・機能が、書き下し文では接続助詞「て」で

示されているのです。すなわち、書き下し文に接続助詞「て」を入れることによって、もとの漢文の「而」字の意味をすでに書き下し文の中に取り入れています。だから書き下し文の中に「而」字が出てきません。これは決して「而」字を読まない、まして漢文の「而」字に意味がない、ということではありません。

もう一つ例を見てみましょう。

移ス二其ノ民ヲ於河東ニ一。

この文を書き下し文に直すと、

其の民を河東に移す。

となります。この書き下し文ともとの漢文を比べてみると、もとの漢文の「於」字が書き下し文にありません。「於」は動詞の後（動詞が目的語を持つ場合はさらにその後）に置いて、動詞で示される動作が行われる場所や時間を表したり、動作の目的や起点を表したりします。また比較の意味になることもあります。漢文ではよく出てくる重要単語の一つです。この文では、「移其民」（其の民を移す）という動作が、「於」の後に来ている「河東」という場所（「河東」は地名）に向けて行われることを表しています。書き下し文では、「河東に」と「に」という場所を示す格助詞を送り仮名として付けることによって、もとの漢文の「於」字の意味をすでに書き下し文の中に取り入れています。だから改めて「河東に於いて」というように読まないのです。いえ、「読まない」というより送り仮名に意味を託しているため「読まないように見える」と言った方が正確でしょうか。

もう一つ例を挙げましょう。

今 已ニ 入レリ二 鬼 録ニ一 矣。

この訓点文の書き下し文は、

今已《すで》に鬼録に入れり。

となります。訓点文と書き下し文を比べると、訓点文の最後の「矣」字が書き下し文にありません。この「矣」字は、完了を表したり、強い断定を表したりする語です。ここでは完了の意味です。書き下し文のいちばん最後に「り」という完了の助動詞があります。この完了の助動詞「り」を送り仮名として送ることによって、訓点文の「矣」字の意味を書き下し文の中に取り入れています。そのため書き下し文に改めて「矣」字が出てきていないのです。

なおこの訓点文の場合、「矣」字の読みとして、完了の助動詞「り」を当てる方法もあります。その場合でも、「矣」字を漢字で書き下し文に書いてしまうと日本語としてやや不自然な感じがするので、書き下し文はやはり「今已に鬼録に入れり」となります。

では次の文はどうでしょうか。

其ノ 於イテヤレ 得ルニ二 大 魚ヲ一 難シ 矣。

「於」字には返り点レ点が付いています。ということは、「於」字を読むすぐ前にすぐ下の「得」字を読むということです。「得」字には「二」点が、さらに下の「魚」字に「一」点が付いているので、「大魚」の次に「得」字を読み、そのすぐ後に「於」字を読みます。「其の大魚を得るに於いてや」と読みます。そしてここまでは、「その大きな魚を手に入れることについては」という意味です。

先ほどの「移其民於河東」では、「於」の字は場所を表す介詞なので、送り仮名に場所を表す格助詞「に」を送り、これで「於」字の意味を取り入れているため、書き下し文には明確には現れませんでした。しかしこの例では、「其の大魚を得るに於いてや」と、「於」字が書き下し文上にはっきりと出てきます。この文では、先ほどの例文と異なり、「於」字の上に動詞がないため、場所を表す格助詞「に」を送り仮名として送ることができないのです。したがって「於」字を一つの漢字として読まなければなりません。「於」字を訓読する時には、漢文の中で使われている用法や意味によって、書き下し文上にはっきりと現れる時、現れない時、それぞれがあります。意味・用法をしっかり理解して、「於」字の訓読のしかたを考えなければなりません。決して一つの読み方にこだわってはならないのです。

②もとの中国語に対応する日本語がなく、書き下し文で書き表しようのない文字

さて、例文はさらに下に続きます。「難」字には返り点は付いておらず、送り仮名に「シ」が付いています。その下「矣」字には返り点も送り仮名も何も付いていません。だとすると、「難矣」は「難し矣」と読むことになります。でも「難し矣」とはどういう意味でしょうか。そして「矣」字は何と読むのでしょうか。

「難《かた》し」は形容詞で、終止形です。ということは、「難し」で文が終わるはずです。それなのにさらに「矣」字が続くのは、日本語の文法に合いません。

「矣」字には、先ほど出てきた完了の意味の他に、語気助詞として肯定や判断、強い断定のニュアンスを表したり、命令のニュアンスを表したりします。ここでは強い断定の意味で、日本語の語彙の中に対応する言葉がありません。日本語の語彙にないのですから、書き下し文上に書き表しようがありません。その場合に限り、あえて読まずに、そして書き下し文に書かずにおくことがあります。

もう一つ見てみましょう。

力ハ抜キレ山ヲ兮気ハ蓋フレ世ヲ。

この文の書き下し文は、

力は山を抜き気は世を蓋《おほ》ふ。

となります。この訓点文と書き下し文を比べてみると、訓点文にある「兮」字が書き下し文にありません。「兮」は中国語では語調を整える語気助詞です。文意を表すための何らかの意味を持っているわけではありませんが、中国語の韻文としてリズムを構成する上では、意味のある文字です。古代の南方地域で歌われた歌謡によく使われる言葉です。「力抜山兮気蓋世」という文を中国語として読んだ場合、この「兮」字があることによって七言（一句が七文字）のリズムになり、音声的に美しく聞こえます。しかし訓読をして日本語に直してしまうと、もちろんもとの中国語が持っているリズムはなくなってしまいます。そして文意を構成する意味は持っていないのですから、書き下し文で「兮」の字を書き表しようがありません。このような場合も、もとの漢文にはあっても、書き下し文ではあえて書かないということがあります。

このように、もとの漢文にはあるのに書き下し文では漢字として書かない文字がいくつか存在します。でもそういう文字は、必ずしもたくさんあるわけではありません。書き下し文を書く練習をたくさんして、少しずつ慣れていくことが大事だと思います。

3、訓点文を書き下し文に直す練習　書き下し文の実践

(1)一文を書き下し文にする練習

○練習問題

それでは、以上を踏まえて訓点文を書き下し文に直す練習をしてみましょう。次の文を、返り点・送り仮名に従って、書き下し文に直してください。そして現代語訳もしてみましょう。

① 孰《カ》知《ラン》下賦斂之毒有《ルヲ》中甚《ダシキ》二是《ノ》蛇《ヨリ》一者上乎。

② 袁術使《ム》下堅《ヲシテ》征《シテ》二荊州《ヲ》一撃《タ》中劉表《ヲ》上。

③ 募《ル》下有《ル》二能《ク》捕《フルコト》レ之《ヲ》者《ヲ》上。

④有《リ》レ鳩自《リ》レ外入《リ》、止《マル》二於牀《ニ》一。

⑤其《ノ》子趨《リテ》而往《キテ》視《レバ》レ之《ヲ》、苗則《チ》槁《レタリ》矣。

○解説

以下解説と解答です。

①孰《カ》知《ラン》下賦斂之毒有《ルヲ》中甚《ダシキ》二是《ノ》蛇《ヨリ》一者上乎。

「孰」には返り点が付いていないので、まずこの字を読みます。次の「知」には「下」点が付いているので、この字は後から出てくる「上」点または「中」点が付いている字の次に読みます。「賦斂之毒」四文字には返り点は何も付いていないので、この四文字はそのまま上から読みます。ただし「之」は助詞なので、書き下し文ではひらがなにします。続いて、「有」字には「中」点が付いているので、「上」点が付いている字の次に読み、ここではとりあえず飛ばします。「甚」字には「二」点が付いているので、「一」点が付いている字の次に読み、これも今は読みません。「是」字には返り点は付いていないので、ここで読みます。「蛇」字には「一」点が付いています。「一」点・「上」点が付いている字は、返り点が付いていてもそこで読むのでした。「一」点が付いている「蛇」字を読んだら、次に上に返って「二」点が付いている「甚」字を読みます。「是の蛇より甚だしき」となります。この文では「三」点が付いている字はないので、「二」点が付いている「甚」字を読んだら、下に向かって読み進めます。すると「者」字があり、「上」点が付いています。付いているのは「上」点なので、この字は読みます。この字を読んだら、次に「中」点があれば「中」点が付いている字、「中」点が付いている字がなければ、「下」点が付いている字を読みます。この文では「中」点が付いている「有」字があります。そこで「者」字の次に「有」字を読みます。「有」字には「中」点が付いているので、次に「下」点が付いている「知」字を読みます。後まだ読んでいない字は、いちばん下の「乎」字だけです。最後にこの「乎」字を読みます。この字は「や」と読みますが、これは疑問や反語を示す助詞なので、書き下し文はひらがな書きです。全体をとおして、

孰《たれ》か賦斂の毒是の蛇より甚だしき者有るを知らんや。

となります。現代語訳は、「だれが税の厳しさがこの蛇よりはなはだしいことがあるということを知っているだろうか」です。

② 袁術使ム下堅ヲシテ征シテ二荊州一ヲ撃タ中劉表上ヲ。

この文の最初の「袁術」は人名です。この二文字には返り点は付いていないので、そのまま読みます。次の「使」字には「下」点が付いているので、後から出てくる「中」点または「上」点が付いている字の次に読みます。次の「堅」は人名、「孫堅」のことです。返り点は何も付いていないので、そのまま読みます。「征」字には「二」点が付いているので、この後出てくる「一」点が付いている字の次に読みます。次の「荊州」は地名です。そして「州」字に「一」点が付いています。この「州」字を読んだすぐ次に「二」点の付いている「征」字を読みます。「袁術堅をして荊州を征して」まで読んだら、さらに下に続けていきます。次の「撃」字には「中」点が付いているので、「上」点が付いている字のすぐ次に読みます。次の「劉表」は人名です。「表」字に「上」点が付いているので、「表」字を読んだすぐ次に「中」点が付いている「撃」字を読みます。そしてそのすぐ次に「下」点が付いている「使」字を読

みます。これでこの一文の全ての字を読みました。全体をとおして、

袁術堅をして荊州を征して劉表を撃たしむ。

という書き下し文になります。「使」字は使役の助動詞として読むので、ひらがなで書いておきました。ただこの字は漢字で書いても日本語表記として不自然ではないので、中学校・高等学校の漢文の学習を意識しなければ、漢字書きにしても構いません。現代語訳は、「袁術は孫堅に荊州を攻めて劉表を攻撃させた」となります。

③ 募《ル》下有《ル》二能《ク》捕《フルコト》レ之《ヲ》者《ヲ》上。

「募」字には「下」点が付いているので、「中」点あるいは「上」点が付いている字の次に読みます。次の「有」字は「二」点が付いているので、「一」点が付いている字の次に読みます。「能」字には返り点は付いていないので、まずこの字から読み始めます。次の「捕」の字には「一」点とレ点の両方が付いています。「一」点が付いている字は通常そのまま読んでも構わないのですが、レ点も一緒に付いているので、レ点の決まりにも従わなければなりません。そのためすぐ下の「之」字を先に読み、次に「捕」字を読みます。「捕」字には「一」点が付いているので、「捕」字の次に「二」点が付いている「有」字を読みます。さらに下に向かって、まだ読んでいないのは「者」字です。この字には「上」点が付いています。「者」字を読んで、次に「下」点が付いている「募」字を読みます。全体をとおして、

能く之を捕ふること有る者を募る。

となります。現代語訳は、「これを捕まえることができる者を募った」となります。

④ 有リレ鳩自リレ外入リ、止マル二於牀ニ一。

「有」字にはレ点が付いているので、すぐ下の字を読んでからこの字を読みます。すぐ下の「鳩」字には返り点は何も付いていません。そこで「鳩」字を読み、次にレ点が付いていた「有」字を読みます。次の「自」字にはレ点が付いています。すぐ下の字の次に読みます。さらにその下「外」字には、返り点は付いていません。次に「自」字を読みます。さらに下に向かって進んでいくと、「入」字には返り点は何も付いていないので、そのまま読みます。ここまで「鳩有り外より入り」となります。「自」字はここでは起点を表す意味で、格助詞「より」を当てて読むので、ひらがなで書きます。次に「止」字には「二」点が付いているので、「一」点が付いている字の次に読みます。次の「於」字には何も付いていないので、通常ならそのまま読みます。そして「牀」字には「一」点が付いているので、まずこの字を読み、次に「二」点の付いている「止」字を読みます。後半は「於牀に止まる」と読めそうです。しかしながら、この文は少し注意が必要です。「於」字は場所を表す介詞です。すぐ下に名詞が置かれ、「どこそこに」という意味になります。その場合訓読は「どこそこ」に相当する名詞に送り仮名「に」を送ることで、「於」字の意味をすでに取っており、これで「於」字を読んだことにします。この文の場合、「於牀」で「牀《しやう》に」となります。したがって後半部分の書き下し文は「牀に止まる」となります。全体をとおして、

鳩有り外より入り、牀に止まる。

となります。現代語訳は、「鳩がいて外から入ってきて、牀（椅子の機能も備えたベッド）に止まった」となります。

⑤ 其ノ子趨リテ而往キテ視レバレ之ヲ、苗則チ槁レタリ矣。

「其」・「子」・「趨」・「而」・「往」まですべて返り点が付いていません。上から下へ順番に読んでいきます。しかし「而」字は注意が必要です。「而」は接続詞で、順接にも逆接にもなります。漢文訓読では文章の意味に従って順接か逆接かを読み分けます。そして、特に順接の場合、「而」字の前にある動詞の読みに接続助詞の「て」を送り仮名として送った場合、それで「而」の意味をすでに取り入れているので、「而」字を読んだことにします。この文も「其の子趨《はし》りて」と「て」を送っているので、この「て」という接続助詞を加えることで「而」を読んだことにします。そして「往きて」と続きます。さらに下に向かって読み進め、「視」字にはレ点が付いています。すぐ下の字を読んでからこの字を読みます。その下の「之」字には返り点は何も付いていません。この「之」字を読んで、レ点に従いすぐ上の「視」字を読みます。前半は「其の子趨りて往《ゆ》きて之を視《み》れば」となります。後半部分「苗」・「則」・「槁」・「矣」字全て返り点は付いていないので、上から下へ順番に読んでいくことになります。後半の書き下し文は「苗則ち槁《か》れたり」となります。最後の「矣」字は完了を表したり、文章の意味を強調したりする意味を持つ助詞です。ここでは「槁」字の送り仮名に「たり」という完了の助動詞を送り仮名として送ったことによって、「矣」字の意味をすでに取っています。この送り仮名「たり」でもって「矣」字を読んだとみなし、改めて書き下し文には表しません。この文の全体をとおした書き下し文は、

其の子趨りて往きて之を視れば、苗則ち槁《か》れたり。

となります。現代語訳は、「その子は走って行ってこれ（苗の様子）を見ると、苗はすでに枯れてしまっていた」となります。

（2）短い文章を書き下し文に直す練習

次に少しまとまった短い文章を書き下し文に直す練習をしてみましょう。

○練習問題

次の訓点文を書き下し文に直してください。

呉既ニ赦シレ越ヲ、越王句《こう》践《せん》反《かへ》リレ国ニ、乃チ苦シメレ身ヲ焦《くる》シメレ思ヒヲ、置キ二胆ヲ於坐一ニ、坐臥スルニ即チ仰ギレ胆ヲ、飲食スルニ亦タ嘗《な》ムルレ胆ヲ也。曰ハク、「女《なんぢ》忘レタル二会稽之恥一ヲ邪ト。」身自ラ耕作シ、夫人自ラ織シ、食ニ不レ加ヘレ肉ヲ、衣ニ不レ重ネレ采ヲ、折リテレ節ヲ下リ二賢人一ニ、厚ク遇シテ二賓客一ヲ、振ルヒレ貧ヲ弔ヒレ死ヲ、与二百《ひやく》姓《せい》一同《とも》ニス二其ノ労一ヲ。

（『史記』巻四十一「越王句践世家」）

○解説

この訓点文の書き下し文は、次のようになります。

呉既に越を赦し、越王句《こう》践《せん》国に反《かへ》り、乃ち身を苦しめ思ひを焦《くる》しめ、胆を坐に置き、坐臥するに即ち胆を仰ぎ、飲食するに亦た胆を嘗《な》むるなり。曰はく、「女《なんぢ》会稽の恥を忘れたるか。」と。身自ら耕作し、夫人自ら織し、食に肉を加へず、衣に采を重ねず、節を折りて賢人に下り、厚く賓客を遇して、貧を振るひ死を弔ひ、百姓《ひやくせい》と其の労を同《とも》にす。

現代日本語訳は次のとおりです。

呉は越を赦したので、越王句践は国に帰り、身を苦しめ心を痛めて、胆を座るところに置き、寝たり座ったりするたびに胆を仰ぎ見、飲食するたびにまた胆を嘗めて、自分の身を苦しめた。そして「お前は会稽で受けた恥を忘れてしまったか。」と言った。王自ら耕作し、夫人自ら織物を織り、食事に肉を加えないで粗末な食事をし、服を着るにも鮮やかな贅沢な服を重ねなかった。操を曲げて賢人にへりくだり、賓客を厚くもてなして、貧しい人を奮い立たせ、亡くなった人を弔い、人民たちと苦労をともにした。

「置胆於坐」は、「置」が動詞、「胆」が名詞で動詞「置」の目的語、「於」が場所を示す介詞、「坐」が名詞で、この文で示される動作の具体的な場所を示します。訓読では「坐に」と「に」という場所を示す格助詞を送り仮名として送ることによって「於」字の持つ意味をすでに取っているので、改めて「おいて」と読むことはしません。そこで「胆を坐に置き」という書き下し文になります。

「曰」字の後「女忘会稽之恥邪。」は、越王句践が自分自身を奮い立たせるために自分に言い聞かせている言葉です。「曰」字との呼応で「邪」字に引用を示す格助詞の「ト」が送られています。この「ト」は越王句践のセリフに含まれないので、書き下し文ではカギ括弧の外に書きます。

「百姓」は「ひゃくせい」と読んで、「一般庶民、民衆」という意味です。漢文（古典中国語）には「百姓」という語に「農民」の意味はありません。

訓点文を書き下し文に直す作業は、ある程度慣れてくると機械的にできてしまいます。しかしもとの漢文の意味をしっかり理解した上で書き下し文を作らないと、漢文を学習したことにはなりません。書き下し文は**古典中国語の古典日本語訳**です。できあがった書き下し文は、日本語として意味が通じるものでなければなりません。訓点文では返り点や送り仮名が小さい字で書かれています。書き下し文の練習の答案を見ていると、返り点を見落としたり、送り仮名を見誤ったりして、おかしな書き下し文になっていることがよくあります。これらは訓点文を単に漢字仮名交じり文に機械的に置き換えて、その意味を考えていないことからくる誤りだと思われます。自分で作った書き下し文は、もとの訓点文と比べながら、もう一度読んでみましょう。そして日本語として意味がきちんと通じる文章になっているかどうか、よく考えてみましょう。もし日本語としておかしいと感じるところがあったら、もう一度訓点文をよく見て、自分が作った書き下し文で本当にいいのかどうか、考えてみるといいと思います。

第五章　再読文字

漢文の学習を進めていく時に、様々な壁にぶつかることでしょう。その一つとして、「再読文字」が挙げられると思います。本章では、再読文字について解説します。

1、再読文字の原理

「再読文字」とは何か。文字通り、漢文訓読で「二度（再）読む」文字のことです。通常どの言語であっても、文字で書かれた文章を読む時には、一度読んだ文字を、先に読み進めた後また前に戻ってきてもう一度読むということはありません。しかし漢文訓読ではそのような現象が発生することがあります。ではなぜ二度読まなければならないことが起こるのでしょうか。

たとえば日本語で、「来ない」という文と「まだ来ない」という文では、同じ否定文ですが、意味は少々異なります。「来ない」は単純に「来る」という動作が行われないことを表しています。それに対して「まだ来ない」となると、そこに時間軸が発生し、「来るはずなのだけれど、まだ来ていない」「この後来るかもしれない」というニュアンスが含まれます。この「来ない」を漢文で書き表すと「不来」となります。「まだ来ない」を漢文で書き表すと「未来」になります。「来ない」の「ない」という否定の助動詞は、漢文では「不」一文字で表されます。一方「まだ来ない」では、「まだ」という副詞の意味と「ない」という否定の意味を、漢文では「未」一文字で表しています。つまり「未」一文字が、日本語の副詞の意味と否定の意味を同時に持っているのです。日本語の正しい語順（倒置法など、特殊な表現を除く）では、副詞は必ず動詞など用言の前に来ます。否定を表す助動詞は必ず動詞の後に来ます。副詞と助動詞は、動詞の前と後ろに分かれて並ばなければなりません。ところが漢文では、日本語の副詞と否定の助動詞の意味を併せ持つ「未」一文字が動詞の上に置かれているに過ぎません。そこで漢文訓読する時に、「未」字を副詞「いまだ」とだけ読んでしまうと、この文の重要な意味を表す打ち消しの意味が出てきません。また打ち消しの意味を出そうと「未」字を「ず」と打ち消しの助動詞で読んでしまうと、「まだ」という意味を書き下し文で表すことができず、もとの漢文の正確な意味を伝えることができません。これは漢文で漢字一文字で表される意味に、日本語の副詞の意味と助動詞の意味との両方が兼ね備わっているという日本語と中国語の文法の違いから、このような現象が起こります。その問題を解決しようとして考え出したのが、「一文字を二度読む」という方法なのです。「未来」という漢文を、日本語の語順に従い、まず「未」字を「いまだ」と副詞で読みます。そして動詞「来」を読んで、それからもう一度「未」字を打ち消しの助動詞「ず」で読むのです。こうして「未だ来たらず」とすれば、もとの漢文の持っている意味を正確に書き下し文に表すことができます。

このように、日本語だと副詞と助動詞の二つの意味の組み合わせで表される意味を、漢文（古典中国語）では漢字一文字で表すことがあります。そのような文字を漢文訓読する時に二度読んで、漢文の持つ正確な意味を表します。それが再読文字です。

2、再読文字の種類と読み方

再読文字として、漢文訓読で二度読む文字は、それほどたくさんあるわけではありません。再読文字を列挙すると、次の通りです（読み）の「～」の前が一度目の読み、その後が二度目の読み、カタカナで表記したものが送り仮名です）。

（1）－1　将（読み）まさニ～ントす（意味）今にも～しようとしている
（1）－2　且（読み）まさニ～ントす（意味）今にも～しようとしている
（2）未（読み）いまダ～ず（意味）まだ～しない
（3）当（読み）まさニ～ベシ（意味）当然～のはずだ
（4）応（読み）まさニ～ベシ（意味）きっと～に違いない
（5）宜（読み）よろシク～ベシ（意味）～する方がよい
（6）須（読み）すべかラク～ベシ（意味）是非とも～しなければならない
（7）－1　猶（読み）なホ～ノごとシ（意味）ちょうど～のようだ
（7）－2　由（読み）なホ～ノごとシ（意味）ちょうど～のようだ
（8）－1　盍（読み）なんゾ～ざル（意味）どうして～しないのか
（8）－2　蓋（読み）なんゾ～ざル（意味）どうして～しないのか

全部で十一文字、うち「将」と「且」、「猶」と「由」、「盍」と「蓋」は意味・用法が全く同じです。実質八種類の再読文字が存在することになります。

「再読文字は二度読む文字」とは言うけれど、実際どのように読むのでしょうか。

次の訓点文を見てみましょう。

及《ビテ》レ時《ニ》当《ニ》シ二勉励《ス》一。

「当」字が再読文字です。この文を読んでみましょう。「及」字にはレ点が付いているので、返り点のルールに従ってすぐ下の字を読んだ後にこの字を読みます。「時」字には返り点は付いていないので、すぐに読みます。「時」字を読んだら、次にレ点の付いていた「及」字を読みます。ここまで「時に及びて」となります。続いて「当」字です。「当」字には返り点としては「二」点が、送り仮名として「ニ」が付いています。そして漢字の左下、返り点「二」点のすぐ近くにもカタカナ「シ」が付いています。漢字の左下にカタカナが記されているのは、再読文字の一つの特徴で、二度目に読んだ時の送り仮名です。ただし、再読文字の種類や読み方で、必ずしもあるとは限りません。「当」の字には返り点「二」点がついています。したがって返り点のルールに従えば、さらに下に出てくる「一」点が付いている文字を読んだそのすぐ後に読む字なので、ここでは読まないはずの字です。しかし再読文字の場合、このルールの例外になります。再読文字が出てきたら、返り点が付いていても（必ず付いています）、まず一度読みます。その後は返り点の通常のルールに従います。この例文の場合、「当」字に「二」点が付いていてもまず「当に」と読みます。そしてさらに下に続いて「勉励」の二字を読んで、「励」字に「一」点が付いているから、「励」字の次に「二」点が付いている「当」字に返って、この字を読みます。ただし、二度目の読み方は一度目の読み方と異なります。これは全ての再読文字に当てはまります。ここでは、一度目は「まさに」と読みましたが、二度目は「べし」と読みます。「当に勉励すべし」となります。返り点が付いていていてもまず一度読み、その次に返り点に従って戻ってきてもう一度読む、これが再読文字の読み方です。ただし、書き下し文にする時、該当の再読文字の一度目の読みは漢字で書きますが、二度目の読みの時はひらがなで書きます。ここに注意が必要です。よってこの一文全体の書き下し文は、

時に及びて当に勉励すべし。

となります。

しかしながら、さまざまな漢文の文章の中で、再読文字として用いられる漢字が、常に再読文字としてだけ出てくるとは限りません。この例文で挙げた「当」字は、「あたる」・「あてる」の意味でも使われます。また「つりあう、匹敵する」(「相当」の「当」)や、「役目をになう」(「担当」の「当」)などの意味としても使われます。再読文字としての意味・読みも含めて、文章の中でどのように用いられているか、どのような意味の文章なのかを考えながら、読み方を確定していかなければなりません。ただ、再読文字の一度目の読みは副詞なので、再読文字は動詞や形容詞のすぐ上に出てくることが多いです(介詞句の上に出てくることもあるので、〝絶対〟というわけではありません)。

3、再読文字各論

では、再読文字ひとつひとつについて、読み方と意味を見ていきましょう。

(1)-1　将

読み：まさニ～ントす

意味：今にも～しようとしている

「将」字が再読文字として出てきた時は、ある事象がまもなく実現しようとしていることを示します。一度目の読みは「まさニ」（カタカナは送り仮名）、二度目の読みは「ントす」で、「今にも～しようとしている」という意味です。

将ニ㆑及バント㆓其ノ家ニ㆒。

「将」字にレ点が付いているので、本来の返り点のルールだとすぐには読まずに、すぐ下にある字を読んだその次に読みます。しかし「将」は再読文字なので、返り点が付いていてもここで一度読みます。その後は返り点の決まりどおりに読んでいきます。「及」字には「二」点が付いているので、ここでは読みません。「其」字には返り点が付いていないので読みます。「家」字に「一」点が付いているので読みます。「家」字を読んだら、「二」点の付いている「及」字を読みます。そして「将」字にレ点が付いているので、ここでレ点に従い、もう一度「将」字を読みます。

書き下し文は、

将に其の家に及ばんとす。

となります。書き下し文の中で再読文字は、一度目の読みは漢字、二度目の読みはひらがなで書くことに注意しましょう。

晏子将《ニ》レ使《ヒセント》レ楚《ニ》。

「晏」字・「子」字には返り点は何も付いていないので、そのまま読みます。「晏子」で人名です。次の「将」字が再読文字です。レ点が付いていますが、一度目の読みを読みます。「使」字にはレ点が付いているので、すぐには読みません。「楚」字には返り点は付いていないので、読みます。レ点の決まりに従って、次にすぐ上の「使」字を読みます。そして「将」字にもレ点が付いているので、「使」字の次に「将」字の二度目の読みを読みます。書き下し文は、

晏子将に楚に使ひせんとす。

となります。

(1)-2　且

読み：まさニ～ントす

意味：今にも～しようとしている

「且」字は、再読文字として出てきた時は、「将」と意味も用法も同じです。しかしこの字もさまざまな意味があります。文章の意味をしっかり理解することに努めましょう。

且《ニ》レ為《ラント》レ所《ト》レ虜《トスル》。

「且」が再読文字です。「且」字にレ点が付いていますが、再読文字なので返り点があっても一度読みます。「為」字にはレ点が付いているので、後から読みます。次の「所」字にもレ点が付いているので、この字も後から読みます。次の「虜」字には返り点は付いていないので、読みます。「虜」字を読んだら、レ点の決まりに従って、すぐ上の「所」字を読みます。「所」字を読んだら次にすぐ上の「為」字を読みます。さらにその次に、「且」字に付いているレ点に従って、「且」字をもう一度読みます。書き下し文は、

且に虜《とりこ》とする所と為らんとす。

となります。

正ニ患ヒテレ疽ヲ且ニレ死セント。

「正」字には返り点は付いていないので、そのまま読みます。「患」字にはレ点が付いているので、後から読みます。次の「疽」字には返り点は付いていないので、この字は読みます。そしてすぐに上の「患」字に返ってこの字を読みます。次の「且」字が再読文字です。レ点が付いていますが、再読文字なので一度目の読みを読みます。次の「死」字は返り点が付いていないので、読みます。そしてすぐ上の「且」字に返って、「且」字の二度目の読みを読みます。書き下し文は、

正に疽《しょ》を患ひて且に死せんとす。

となります。

(2) 未

読み：いまダ〜ず
意味：まだ〜しない

「未」はまだ起こっていないことを示します。再読文字ですが、否定詞でもあります。一度目の読みは「いまダ」、二度目の読みは「ず」と、打ち消しの助動詞を当てます。二度目の読みを読んだ後、さらに下に言葉が続いている場合は、この打ち消しの助動詞が活用するため、読み方が変わることがあります。常に「ず」と読むわけではないので、気をつけましょう。意味は「まだ〜しない」です。

陛　下　未《ダ》レ及《バ》二高　帝《ニ》一。

「陛」・「下」字にはいずれも返り点が付いていないので、この二文字は読みます。「陛下」は臣下が皇帝に対して呼びかける言葉です。次の「未」が再読文字です。レ点が付いていますが、一度目の読みを読みます。次の「及」字には「二」点が付いているので、「一」点が付いている字を読んだ後に読みます。「高」字には返り点は付いておらず、「帝」字には「一」点が付いているので、「高帝」の二字は読んで、「帝」字から「二」点の付いている「及」字に返ります。「及」字を読んだら、「未」字にレ点が付いているので、すぐ上に返って「未」字の二度目の読みを読みます。書き下し文は、陛下未だ高帝に及ばず。

となります。

未ダルレ聞カ二好ムレ学ヲ者ヲ一也。

「未」字にレ点が付いていますが、再読文字なので一度目の読みを読みます。「聞」字には「一二」点が付いているので、後から読みます。「好」字にはレ点が付いているので、この字も後から読みます。「学」字には返り点は付いていないので、この字は読みます。そしてレ点の決まりに従って、すぐ上の「好」字に返って読みます。「者」字には「一二」点が付いているので、この字を読み、そしてすぐ後に「二」点の付いている「聞」字を読みます。そして「未」字にはレ点が付いているので、「聞」から「未」に返って、「未」字をもう一度読みます。そして最後にいちばん下の「也」字を読みます。書き下し文は、

未だ学を好む者を聞かざるなり。

となります。

ここで「未」字の二度目の読み方に注意しましょう。もしこの文の最後の「也」字がなく、「未聞好学者。」で一文が終わっていたら、書き下し文は「未だ学を好む者を聞かず。」となり、「未」の二度目の読みは、打ち消しの助動詞「ず」の終止形になります。しかし文末に「也」字があり、この字は断定の意味なので、訓読では断定の助動詞「な

り」を当てます。すると「未」の二度目の読みの打ち消しの助動詞「ず」に断定の助動詞「なり」が続くことになります。断定の助動詞「なり」は連体形接続ですから、「なり」のすぐ上にくる活用語は連体形でなければなりません。したがって「未」の二度目の読み「ず」は連体形に活用して「ざる」と読まなければなりません。このように書き下し文は日本語の古典文法に従います。したがって「未聞好学者也。」の書き下し文は「未だ学を好む者を聞かざるなり。」となるのです。決して「×未だ学を好む者を聞かずなり。」とか「×未だ学を好む者を聞かずるなり。」とはなりません。

(3) 当

読み：まさニ～ベシ

意味：当然～のはずだ

「当」は、道理としてこうあるべきであるということを示し、そこから確実性の高い事柄を想定し、それが実現するであろうという推測を表します。

当ニシ㆑知ル㆓過去未来ノ事ヲ㆒。

「当」字にはレ点が付いていますが、再読文字なので一度目の読み方で読みます。「知」字には「二」点が付いているので、後から読みます。「過」・「去」・「未」・「来」の四文字は返り点は付いていません。また「事」字には「一」点がついています。したがって「過去未来事」の五字はそのまま読んで、「一」点の付いている「事」字を読んだら、すぐに「二」点の付いている「知」字に返ります。そして「当」字に付いているレ点に従って、「知」から「当」に

返り、「当」字の二度目の読み方で読みます。書き下し文は、

当に過去未来の事を知るべし。

となります。

当《ニ》キ二烹《テ》レ之《ヲ》共《ニ》食《ス》一耳。

この文も一字目の「当」字が再読文字です。返り点が付いていますが、一度目の読みを読みます。「烹」字にはレ点が付いているので、すぐ下の字を読んでから読みます。「之」字には返り点は何も付いていません。この字を読み、そしてすぐに上の「烹」字を読みます。「共」字には返り点は付いていないので、そのまま読みます。「食」字には「一」点が付いているので、この字を読み、その後すぐに「二」点の付いている「当」字に返って、この字の二度目の読み方を読みます。そして最後にいちばん下の「耳」字を読みます。書き下し文は、

当に之を烹《に》て共に食すべきのみ。

となります。

この文では、「当」字の二度目の読み「べし」のあとに「耳」字を読みます。「耳」は限定を表す助字で、訓読では副助詞「のみ」を当てます。副助詞「のみ」は活用語の連体形に接続するので、「当」の二度目の読み「べし」も連

体形に活用しなければなりません。そのため「べき」と連体形になります。

(4) 応

読み：まさニ～べシ

意味：きっと～に違いない

「応」字は、再読文字としての読み方は「当」と同じです。読み方が同じだけあって、意味も比較的似ています。しかし若干のニュアンスの違いがあります。「当」の場合は「当然そうあるべきだ」と強い強制力があるような語感です。そのため推量の意味になる場合も、確実性がより高い推量です。それに対し「応」はもう少し穏やかな語感を持った意味になります。そのため推量の場合も、「当」よりは確実性が少し低い意味になります。

応ニシ㆑知ル㆓故郷ノ事ヲ㆒。

「応」字が再読文字で、レ点が付いていますが、一度目の読み方で読みます。「知」字には「二」点が付いているので、後から読みます。「故」・「郷」二文字には返り点は付いておらず、「事」字には「一」点が付いているので、「故郷事」三文字を読んで、「事」字を読んだそのすぐ後に「二」点の付いている「知」字を読みます。それから「応」字に付いているレ点に従って、「応」字の二度目の読みを読みます。書き下し文は、

応に故郷の事を知るべし。

となります。

知ル汝ガ遠ク来タルハ応ニシレ有ルレ意。

「知」・「汝」・「遠」・「来」の四文字には返り点は付いていないので、まずこの四文字はそのまま読みます。次の「応」字が再読文字です。レ点が付いていますが、一度目の読みを読みます。次の「有」字にはレ点が付いているので、後から読みます。「意」字には返り点は付いていないので、読みます。そしてすぐ上の「有」字に返ってこの字を読み、さらに「応」字に返って、二度目の読みを読みます。書き下し文は、

知る汝が遠く来たるは応に意有るべし。

となります。

⑸ 宜

読み：よろシク～ベシ

意味：～する方がよい

「宜」はもともと「よろしい」という意味です。再読文字で使われる時もその語感が残っていて、人が行うべき道理に則って正しいことであると判断することを示します。一度目の読みは「よろシク」、二度目の読みは「ベシ」、意味は「～する方がよい」です。

酒《ハ》宜《シク》《シ》㆓節飲《ス》㆒。

「酒」字には返り点は付いていないので、そのまま読みます。次の「宜」字が再読文字です。「二」点が付いていますが、一度目の読みを読みます。「節」字には返り点は付いておらず、「飲」字には「一」点が付いているので、「節飲」の二文字は読んで、「飲」字の後すぐ「宜」字に返って二度目の読みを読みます。書き下し文は

酒は宜しく節飲すべし。

となります。

将軍宜《シク》《シ》㆓枉駕《シテ》顧《ル》㆒㆑之《ヲ》。

「将軍」はこの二文字で「軍隊を率いる大将」という意味の名詞で、この文の主語になっています。この「将」は再読文字ではありません。「将軍」二文字には返り点は付いていないので、そのまま読みます。次の「宜」字が再読文字です。「二」点が付いていますが、一度目の読みを読みます。「枉駕」二文字には返り点が付いていないので、そのまま読みます。次の「顧」字には「一レ」の記号が付いています。これは「一」点とレ点が一緒になったものでした。「一」点が付いていればそのまま読んで構わないのですが、レ点も一緒にあるので、レ点の機能にも従わなければなりません。レ点が付いているので、レ点の決まりに従ってすぐ下の文字を先に読みます。すぐ下の「之」字には返り点は付いていないので、この字を読みます。そしてすぐ上の「顧」字に返ります。「顧」字にはレ点とともに

「一」点が付いているので、これに従い、すぐ次に「二」点が付いている「宜」字に返ります。「宜」字は再読文字で一度目の読みを読んでいますが、ここで二度目の読みを読みます。書き下し文は、

将軍宜しく枉《わう》駕《が》して之を顧るべし。

となります。

⑹ 須

読み：すべかラク～ベシ

意味：是非とも～しなければならない

「須」という字には、「もとめる」・「必要である」という意味があります。「必須」という熟語の意味を考えると、分かりやすいでしょう。したがってこの「須」字が再読文字として用いられる時は、「是非とも～しなければならない」の意味になります。

径《チニ》須《ラク》《シ》二沽《ヒ》取《リテ》対《シテ》レ君《ニ》酌《ム》一。

「径」字には返り点は付いていないので、そのまま読みます。次の「須」字が再読文字です。「二」点が付いていますが、一度目の読みを読みます。次に「沽」・「取」二文字には返り点はないので、そのまま読みます。「対」字にはレ点が付いているので、すぐ下の字を先に読みます。「君」字には返り点は付いていないので、この字を読んで、す

ぐ上の「対」字に返ります。そして「一」点の付いている「酌」字を読み、すぐ次に「須」字に返って、この字の二度目の読みを読みます。書き下し文は、

径《ただ》ちに須らく沽《か》ひ取りて君に対して酌むべし。

となります。

且ク須ラクシ三歌舞シテ寛クス二離憂ヲ一。

「且」字は再読文字として用いられることもありますが、ここでは違います。「しばらく」と読む副詞です。この字には返り点は付いていないので、そのまま読みます。「須」字が再読文字で、「三」点が付いていますが、ここで一度目の読みを読みます。「歌」・「舞」には返り点が付いていないので、そのまま読みます。「歌舞」で「歌と舞い」の意味の二字熟語です。次の「寛」字には「二」点が付いているので、後から読みます。「離」には返り点はなく、「憂」字には「一」点が付いているので、この二字はそのまま読んで、「一」点の付いている「憂」字から「二」点の付いている「寛」字に返ります。そしてその次に「三」点の付いている「須」字に返って、この字の二度目の読みを読みます。書き下し文は、

且《しばら》く須らく歌舞して離憂を寛《ゆる》くすべし。

となります。

(7)-1　猶

読み：なホ～ノごとシ、なホ～ガごとシ

意味：ちょうど～のようだ

「猶」はある二つの物や事柄がよく似ていることを示します。「猶」字の上に書かれているもの・ことが、「猶」字の下に来ているもの・ことと同じようだ、という意味になります。

猶《ホ》《シ》二 水《ノ》 勝《ツガ》レ 火《ニ》。

「猶」字に「二」点が付いていますが、この字が再読文字なので、返り点が付いていても一度目の読み方を読みます。次の「水」字には返り点は付いていないので、読みます。「勝」字には「一」点とレ点が付いています。レ点に従い、先にすぐ下の「火」字を読みます。「火」字には返り点は付いていないので、この字を読み、「勝」字に返ります。「勝」字を読み、この字には「一」点が付いているので、すぐ次に「二」点の付いている「猶」字に返り、この字の二度目の読みを読みます。書き下し文は、

猶ほ水の火に勝つがごとし。

となります。

孤之有《ルハ》二孔明一、猶《ホ》キ二魚之有《ルガ》レ水也。

「孤」・「之」には返り点は付いていないので、二字とも読みます。「有」字には「二」点が付いているので、後から読みます。「孔」字には返り点はなく、「明」字には「一」点が付いているので、この二字はそのまま読みます。「孔明」で人名、諸葛亮の字《あざな》です。「一」点の付いている「明」字の次に「二」点の付いている「有」字を読みます。後半、「猶」字が再読文字で、「二」点が付いていますが、ここで一度目の読み方を読みます。「魚」・「之」には返り点は付いていないので、そのまま読みます。「有」字にはレ点が付いているので、先にすぐ下の「水」字を読み、その後すぐ上の「有」字に返ります。「有」字にはレ点とともに「一」点も付いているので、「有」字を読んだすぐ後に、「二」点が付いている「猶」字に返って、この字の二度目の読みを読みます。そしていちばん下にある「也」字を読みます。書き下し文は、

孤の孔明有るは、猶ほ魚の水有るがごときなり。

となります。

ここで「猶」字の二度目の読みが「ごとき」と連体形になっていることに注意しましょう。この例文の場合、「猶」字の二度目の読みを読んでから、「也」字を読みます。ここの「也」は断定の意味なので、断定の助動詞「なり」で読みます。断定の助動詞「なり」は連体形接続だから、「猶」の二度目の読み「ごとし」は、連体形に活用して、「ごとき」となります。

猶《ホ》得レ備《フルヲ》二晨炊《ニ》一。

この文を訓点に従って読んでみましょう。「猶」字には返り点は付いていないので、読みます。「得」字にはレ点が付いているので、すぐ下の字を読んだすぐ次に読みます。すぐ下の「備」字には「二」点が付いているので、ここでは読みません。「晨」字には返り点はなく、「炊」字には「一」点が付いているので、この二文字は読み、「炊」字を読んだ後、「二」点が付いている「備」字を読みます。「備」字を読んだら、レ点に従って、「得」字を読みます。この文の読みはここで終わり、書き下し文は、

猶ほ晨炊《しんすい》に備ふるを得。

となります。

この例文の「猶」は「それでも・やはり」という意味の副詞で、再読文字ではありません。訓読の時の読みは「なほ」で、再読文字ではないので二度目の読みはありません。同じ文字であっても、意味によって再読文字になったりならなかったりします。何でもかんでも一つの意味・読み方にこだわるのではなく、文意をしっかり把握して、読み方を確定させなければなりません。

(7)-2　由

読み：なホ～ノごとシ

意味：ちょうど～のようだ

「由」字は「よる・もとづく・したがう」という意味の動詞になったり、「わけ・てだて」という名詞になったり、「～によって」という介詞（前置詞）になったりと、たくさんの意味を持つ字です。そして再読文字としても使われることがあり、その場合「猶」と同じ意味・読みです。「猶」と「由」の漢字音が同じなので、「猶」の仮借《かしゃ》（当て字）として用いられています。

民帰《スルハ》レ之《ニ》、由《ホ》シ二水之就《クガ》レ下《ニ》。

「民」字には返り点は付いていないので、読みます。「帰」字にはレ点が付いているので、すぐ下の「之」字のすぐ次に読みます。「由」字が再読文字なので、「二」点が付いていますが、一度目の読み方を読みます。「水」・「之」には返り点は付いていないので、そのまま読みます。「就」字には「一」点とレ点が付いています。レ点に従ってすぐ下の「下」字を読み、次に「就」字を読みます。そして「就」字には「一」点も付いているので、「二」点が付いている「由」字に返って、二度目の読みを読みます。書き下し文は、

民之に帰するは、由ほ水の下に就《つ》くがごとし。

となります。

楚国之有《ル》二不穀一也、由《ホ》キ三身之有《ルガ》二匈脇一也。

「楚国之」三文字には返り点は付いていないので、そのまま読みます。「有」字には「二」点が付いているので、後から読みます。「不」字には返り点はなく、「穀」字には「一」点が付いているので、そのまま読んで、「穀」字の次に「二」点が付いている「有」字を読みます。「不穀」で「わたし」の意味、発話者自身を指します。次に「也」字を読みます。この「也」は文中にあって、その上にあることがらを指示したり提示したりする意味です。この場合は断定の意味ではないので、「や」と読みます。後半、「由」字が再読文字です。「三」点が付いていますが、ここで一度目の読みを読みます。「身之」は返り点はないので、読みます。「有」字には「二」点が付いているので、飛ばします。「匈」字・「脇」字はそのまま読んで、「脇」字に「一」点が付いているので、そのすぐ次に「有」字を読みます。そして「三」点が付いている「由」字に返って、二度目の読みを読みます。最後にいちばん下にある「也」字を読みます。こちらの「也」は断定なので、「なり」という読みです。書き下し文は、

楚国の不穀有るや、由ほ身の匈脇《きようけふ》有るがごときなり。

となります。「由」字の二度目の読みの後に「也」があるので、「ごとき」と連体形になっていることに気をつけましょう。

(8)-1　盍

読み：なんゾ～ざル

意味：どうして～しないのか

もともと「何不」の二文字で「なんゾ～ざル」と読んで、「どうして～しないのか」という意味を表していました。

「盍」を音読みで読むと「こう」、旧仮名遣いでは「かふ」となります。一方「何」は音読みで「か」、「不」は音読みで「ふ」です。「何」と「不」を早く読んで一音節のようになると「盍」字の発音になるのです。それで「何不」二文字分の意味を「盍」一文字で表すようになりました。もともとが二文字なのだから、「盍」字が「何不」の意味で使われる時は、再読文字となります。

盍ゾル三 各 言ハ二 爾ノ 志ヲ一。

「盍」字には「三」点が付いていますが、再読文字なので一度目の読みを読みます。「各」字には何も付いていないので、そのまま読みます。「言」字には「二」点が付いているので、後から読みます。「爾」には返り点はなく、「志」には「一」点が付いているので、この二文字はそのまま読みます。そして「一」点が付いている「志」を読んだそのすぐ後に「二」点の付いている「言」字を読みます。そして「三」点の付いている「盍」字に返って、この字の二度目の読みを読みます。書き下し文は、

盍ぞ各爾《なんぢ》の志を言はざる。

となります。

なお、この文の書き下し文は「～ざる。」と一文の終わりが連体形になっています。これは「なんぞ」のところに係助詞「ぞ」があり、係り結びの法則によって文末が連体形になっているのです。漢文訓読が日本語の古典文法に則っているということが、こういう所にも現れてきます。

盍ゾル二往キテ見エ一レ之ニ乎。

「盍」字には「二」点が付いていますが、再読文字なので、一度目の読みを読みます。「往」字には何も付いていないので、そのまま読みます。「見」字には「一」点とレ点が付いています。レ点に従い、すぐ下の「之」字を読んでから読みます。「之」字には返り点は付いていないのでそのまま読んで、すぐ上の「見」字に返って読みます。そして「見」字には「一」点が付いているから、「二」点が付いている「盍」字に返って、この字の二度目の読みを読みます。文末に「乎」字があり、本来ならこの字も読まなければなりません。ここの「乎」は、文末におかれて詠嘆の語気を表します。しかしこの文の場合「盍」の二度目の読みの後にうまく続く詠嘆を表す言葉が日本語の中にありません。そこでこのような場合、訓読ではやむを得ず「乎」字を読まずにおきます。書き下し文は、

盍ぞ往きて之に見《まみ》えざる。

となります。

(8)-2　蓋

読み：なんゾ～ざル

意味：どうして～しないのか

「蓋」字は通常音読みは「がい」で、「おおう」という動詞になったり、「かさ・おおい」という名詞になったりします。あるいは「けだし」と読んで、発語の助字（言い出しの言葉）として、不確かなことの推定や新たな事実の提示

を示します。その他、「盍」と同じ意味として使われることもあります。その場合、音読みは「こう（旧仮名遣い「かふ」）」です。以下「盍」と同じ再読文字としての「蓋」字の例文を見てみましょう。

夫子蓋ゾル二少シク貶セ一焉。

「夫」・「子」ともに返り点はないので、そのまま読みます。「夫子」で「先生」の意味を表す二字熟語です。「蓋」字には「二」点が付いていますが、再読文字なので、ここで一度目の読みを読みます。「少」字に返り点はなく、「貶」字には「一」点が付いているので、この二文字はそのまま読みます。そして「一」点が付いている「貶」字から「二」点が付いている「蓋」字に返って、この字の二度目の読みを読みます。「貶」字は「おとしめる」の意味ですが、ここでは「程度を落とす」という理解でいいでしょう。そして文末の「焉」字は、先ほどの「乎」と同じで、当てはめることのできる適切な日本語がないので、ここでは読まずにおきます。書き下し文は、

夫子蓋ぞ少しく貶《へむ》せざる。

となります。

蓋ゾル三亦タ反ラ二其ノ本ニ一。

「蓋」字には「三」点が付いていますが、再読文字なのでここで一度目の読みを読みます。「亦」字には返り点はな

いので、そのまま読みます。「反」字には「二」点が付いているので、後で読みます。「其」字には返り点はなく、「本」字には「一」点が付いているので、二字とも読み、「一」点が付いている「本」字から「反」字に返って読み、さらに「三」点の付いている「蓋」字に返って、この字の二度目の読みを読みます。書き下し文は、

蓋ぞ亦其の本に反らざる。

となります。

4、訓点を付ける練習

再読文字を含む文で、書き下し文に従って返り点・送り仮名を付ける練習をしてみましょう。先に返り点のところで学習したとおり、返り点を付ける時は書き下し文で示された読みの順番に従って付けていきます。決して上から下へ付けていくのではありません。また再読文字がある場合は、一度目の読みは漢字、二度目の読みはひらがなで記されています。特に二度目の読みが迷いやすいです。どれが再読文字の二度目の読みなのか、よく考えて取り組みましょう。

○**練習問題**

①舟回至両山間、将入港口。
舟回りて両山の間に至り、将に港口に入らんとす。

②已而進茶、未敢飲。
已にして茶を進むるも、未だ敢へて飲まず。

③未有此怪。
未だ此の怪有らず。

④当登大宝必為二十年太平天子。
当に大宝に登りて必ず二十年の太平の天子と為るべし。

⑤当出此以示之。
当に此を出だして以て之に示すべし。

⑥公亦応不忘司馬之言。
公も亦応に司馬の言を忘れざるべし。

⑦既有佳客、宜賦新詞。
既に佳客有れば、宜しく新詞を賦すべし。

⑧我麾下将士須与汝戦。
我が麾下の将士須らく汝と戦ふべし。

⑨盍納天子以示之義。
盍ぞ天子を納めて以て之に義を示さざる。

〇**解説**

①舟回至両山間、将入港口。
舟回りて両山の間に至り、将に港口に入らんとす。

「舟回りて」という読みに対して、漢文は「舟回」なので、ここは返り点は付きません。「両山の間に至る」という読みに対して、漢文は「至両山間」で、語順が違います。「～間に至る」と「間」のすぐ次に「至」を読むので、「間」に「一」点が、「至」に「二」点が付きます。後半に再読文字が出てきます。「将に」が漢文の「将」字に当たります。「港口に入らんと」と「口」の次に「入」を読むので、「口」に「一」点が、「入」に「二」点が付きます。これでいちおうこの文の全ての字を一通り読みました。しかしこれで終わりではありません。「将」は再読文字で、「まさニ～ントす」と読みます。書き下し文にも「～入らんとす」とあります。この「す」というのが、再読文字「将」の二度目の読みです。「入」を読んで、その次に「将」の二度目の読みを読むのだから、「入」字を読んで、その次に

「将」の字にもう一度返らなければなりません。したがって「将」字にレ点を付けます。

次に送り仮名を付けていきましょう。「舟回りて」という書き下し文に合わせて、「回」に「リテ」を送ります。「両山の間に至り」なので、「山」に「ノ」「間」に「ニ」、「至」に「リ」を付けます。後半、「将に「ニ」を送ります。「港口に」に合わせ、「口」に「ニ」を付けます。「入らんとす」のところは要注意です。「入らんとす」の「す」は再読文字「将」の二度目の読みです。だから「将に」なので、「将」の送り仮名として書いてはいけません。「入」「入」の送り仮名は、「ラント」となります。

この文の訓点文は、

舟回《リテ》至《リ》二両山《ノ》間《ニ》一、将《ニ》レ入《ラント》二港口《ニ》一。

となります。

②已而進茶、未敢飲。

已にして茶を進むるも、未だ敢へて飲まず。

「已にして」が「已而」の二字に当たり、ここは返り点は付きません。「茶を進むるも」と、「茶」の次に「進」字を読むので、「進」にレ点が付きます。「未」字が再読文字です。「敢へて飲まず」と、「飲」字の次に「未」字の二度目の読みを読むので、「飲」に「一」点、「未」字に「二」点が付きます。

送り仮名を付けていきましょう。書き下し文が「已にして」なので、「已」字に「ニシテ」と付けます。この送り仮名に「シテ」とあって、ここに「而」字の意味が出ていて、これで「而」字を読んだことにするので、訓読の時に改めて「而」字を読みません。したがって「而」字には送り仮名は何も付きません。「茶を進むるも」という読みに対して、「茶」に「ヲ」、「進」に「ムルモ」が付きます。「未」字の一度目の読みは「未だ」なので、「未」に「ダ」が付きます。「敢へて飲まず」という読みに合わせて、「敢」に「ヘテ」「飲」に「マ」が付きます。「ず」は「未」の二度目の読みです。送り仮名にはならず、「飲」から「未」に返って、「未」を「ず」と読みます。

この文の訓点文は、

已而《ニシテ》進《ムルモ》レ茶《ヲ》、未《ダ》二敢《ヘテ》飲《マ》一。

となります。

③　未有此怪。

未だ此の怪有らず。

「未」が再読文字です。「此の怪有らず」で、「怪」から「有」に返るので、「怪」に「一」点、「有」に「二」点が付きます。そして「有」から再び「未」に返って「未」を「ず」と読むので、「未」にレ点が付きます。

続いて送り仮名です。「未だ」と読むので、「未」に「ダ」が付きます。「此の怪」という読みに合わせて、「此」に「ノ」が付きます。「有らず」の「ず」は再読文字「未」の二度目の読みなので、「有」には送り仮名は「ラ」だけが付きます。

この文の訓点文は、

未ダレ有ラ二此ノ怪一。

となります。

④当登大宝必為二十年太平天子。

当に大宝に登りて必ず二十年の太平の天子と為るべし。

「当」が再読文字です。「大宝に登りて」と「宝」の次に「登」を読むので、「宝」に「一」点、「登」に「二」点が付きます。次に「必」字を読み、その後そのまま下に続いていくので、返り点は付きません。「二十年の太平の天子と為る」のところは、「二十年太平天子」の七文字は下から上に返ることなく読んでいくので、返り点は付きません。「子」までできたら次に「為」に返るので、「子」に「一」点、「為」に「二」点が付きそうです。書き下し文はさらに「〜と為るべし」と続き、「為」から「当」字に返って、ここで再読文字「当」の二度目の読みを読みます。この時、「登大宝」とすでに一二点が付けられている一句を飛び越えて「為」字から「当」字に返ります。すると「為」字に「一二」点を付けていると、「当」字に返る返り点を付けることができません。一二点が付けられている一句を飛び越えてさらに上に返るのですから、ここで上下点を用いなければなりません。「子」字に「上」点、「為」字に「中」点、「当」字に「下」点が付きます。これで書き下し文のとおりに返り点を付けることができました。

続いて送り仮名です。再読文字「当」の一度目の読み「当に」なので、「当」字の右側に「ニ」が付きます。「大宝に登りて」に合わせて、「宝」に「ニ」、「登」に「リテ」が付きます。次は「必ず」なので「必」に「ズ」が付きます。「二十年の太平の天子と」という読みなので、「年」に「ノ」、「平」に「ノ」、「子」に「ト」が付きます。「為るべし」という読みですが、「為」には送り仮名は「ル」だけです。「べし」は「当」字に返って二回目の読みだからです。そして「当」の二度目の読みの送り仮名も注意が必要です。二度目の読みは「べ」だけで、「し」は送り仮名になります。再読文字の二度目の読みの送り仮名を付ける場所も気をつけなければなりません。「当」字にはすでに右側に一度目の読みの送り仮名「ニ」が付いています。したがってさらに二度目の読みの送り仮名を付ける場所がありません。そこで「当」字の左下に二度目の読みの送り仮名「シ」を付けます。

この文の訓点文は、

当《ニ》シ下登《リテ》二大宝《ニ》一必《ズ》為《ル》中二十年《ノ》太平《ノ》天子《ト》上。

となります。

⑤当出此以示之。

当に此を出だして以て之に示すべし。

「当に此を出だして」という順に読むので、「当」にはとりあえず何も返り点を付けずにおきます。そして「此」からすぐ上の「出」に返るので、「出」にレ点が付きます。次に「以て」を読むので、ここには返り点は付きません。「之に示す」と読むので、「示」にレ点が付きます。そして「示すべし」と、「示」から再読文字「当」に返って二度目の読みを読むので、「示」に「一」点が、「当」に「二」点が付きます。結果として「示」には「一レ」の返り点が付きます。そして再読文字「当」にはここで返り点を付けます。

送り仮名を付けます。「当」に「ニ」、「此」に「ヲ」、「出」に「ダシテ」、「以」に「テ」、「之」に「ニ」、「示」に「ス」、そして再読文字「当」の二度目の読みの送り仮名を、「当」の左下に「シ」と付けます。

この文の訓点文は、

当《ニ》シ二出《ダシテ》レ此《ヲ》以《テ》示《ス》レ之《ニ》。

となります。

⑥公亦応不忘司馬之言。

公も亦応に司馬の言を忘れざるべし。

「公も亦」という読みなので、「公」・「亦」には返り点は付きません。そして「応」が再読文字ですが、一度目の読みの時は返り点は付けないでおきます。「司馬の言」という読みなので、「司馬之」には返り点は付かず、「言」から「忘」に返るので、「言」に「一」点、「忘」に「二」点が付きます。そして「忘れざる」という読みで、「ざる」は打ち消しの助動詞「ず」の連体形で、これが漢文の「不」に当たります。つまり「忘」からすぐ上の「不」に返るので、「不」にレ点が付きます。さらに「ざるべし」と続き、「べし」が再読文字「応」の二度目の読みです。「不」からすぐ上の「応」に返ります。「応」にレ点が付きます。

書き下し文に合わせて送り仮名を付けていきます。「公」に「モ」が付きます。「亦」には何も付きません（「亦」が副詞であり「亦応」と二字続かないことをはっきりさせるために「亦た」と「た」を送ることもあります。その場合は「亦」に「タ」を付けます）。「応」は再読文字ですが、一度目の読みの送り仮名を左下に「ニ」を付けます。「司馬の言」の「の」は、「之」という字の読み方なので、ここでは「馬」には送り仮名は付きません。「言」に「ヲ」が付きます。「忘」に「レ」、「不」は打ち消しの助動詞「ず」を当てるので、書き下し文ではひらがなになっていますが、送り仮名としては「ル」が付きます。そして再読文字「応」に返って、二度目の読みの送り仮名「シ」を付けます。

この文の訓点文は、

公《モ》亦応《ニ》《シ》レ不《ル》レ忘《レ》二司馬之言《ヲ》一。

となります。

⑦既有佳客、宜賦新詞。

既に佳客有れば、宜しく新詞を賦すべし。

「既に佳客有れば」と、「客」から「有」に返るので、「客」に「一」点、「有」に「二」点が付きます。「宜」が再読文字です。一度目の読みの時は返り点は付けません。「新詞を賦す」という読みなので、「詞」に「一」点、「賦」に「二」点を付けます。「賦すべし」と「賦」から「宜」に返って、「宜」の二度目の読みを読みます。「宜」にレ点が付きます。

送り仮名を付けていきます。「既」に「ニ」、「有」に「レバ」、再読文字「宜」の一度目の読みの送り仮名「シク」を右下に、「詞」に「ヲ」、「賦」に「ス」を付けます。そして「べし」の「べ」は「宜」の二度目の読みに当て、「し」が送り仮名になります。「宜」の左下に送り仮名「シ」を付けます。

この文の訓点文は、

既《ニ》有《レバ》二佳客一、宜《シク》《シ》レ賦《ス》二新詞《ヲ》一。

となります。

⑧我 麾 下 将 士 須 与 汝 戦。

我が麾下の将士須らく汝と戦ふべし。

「我が麾下の将士」までは上から下へ順番に読むので、返り点は付きません。なお「将士」は「将軍と兵士」という意味であって、この「将」は再読文字ではありません。次の「須」が再読文字です。一度目の読みの時は、返り点は付けません。「汝と」という読みの「と」が「与」に当たります。「汝」から「与」に返るので、「与」にレ点が付きます。「戦ふべし」の「戦ふ」が「戦」の読み、「べし」が再読文字「須」の二度目の読みです。「戦」から「須」に返るので、「戦」に「一」点が、「須」に「二」点が付きます。

続いて送り仮名です。「我」に「ガ」、「下」に「ノ」、「須」の一度目の読みの送り仮名を「須」の右下に「ラク」を付けます。「汝と」という読みですが、「と」は「与」の読みなので、送り仮名は付きません。次は「戦」に「フ」が付きます。そして「べ」が「須」字の二度目の読みに当て、「し」が送り仮名です。「須」の左下に「シ」が付きます。

この文の訓点文は、

我ガ 麾 下ノ 将 士 須ラクシ二 与レ 汝 戦フ一。

となります。

⑨盍納天子以示之義。

盍ぞ天子を納めて以て之に義を示さざる。

「盍」が再読文字です。一度目の読みの時には、返り点は付けません。「天子を納めて」と「子」から「納」に返るので、「子」に「一」点、「納」に「二」点が付きます。「以て之に義を示さ」と読むので、「以」・「之」には何も付かず、「義」から「示」に返るので、「義」に「一」点、「示」に「二」点が付きそうです。そして「示さざる」という読みの「ざる」が再読文字「盍」の二度目の読みなので、「示」から「盍」に返ることになります。その時すでに一二点が付いている「納天子」という一句を飛び越えて返らなければなりません。そうすると、「示」に「二」点、「盍」に「三」点を付けることができません。したがって上下点を用います。「義」字に「上」点、「示」字に「中」点、「盍」字に「下」点を付けます。

次に送り仮名です。「盍」の一度目の読みの送り仮名が「盍」の右下に「ゾ」と付きます。「子」に「ヲ」、「納」に「メテ」、「以」に「テ」、「之」に「ニ」、「義」に「ヲ」、「示」に「サ」がそれぞれ付きます。そして「盍」の二度目の読みは、「ざる」の「ざ」を漢字の読みに当て、「る」を送り仮名として送ります。「盍」の左下に「ル」を付けます。

この文の訓点文は、

盍ゾ下ル納メテ二天子ヲ一以テ示サ中之ニ義ヲ上。

となります。

第六章　漢文の文法

1、二字熟語の構成

日本語の二字熟語の多くは、古典中国語に由来するものです。したがって二字熟語は古典中国語の文法に従って構成されています。そこで二字熟語の構成を見ることをとおして、古典中国語の文法の基本を理解しましょう。

(1) 主語＋動詞

「○が□する」という意味になる二字熟語では、「○が」に当たる漢字が上に来て、「□する」に当たる漢字が下に来ます。「○が」というのは主語となる名詞です。「□する」は述語となる動詞です。主語となる名詞は必ず上に来て、述語となる動詞は必ず下に来ます。この順序は変わることはありません。では例を見てみましょう。

地　震

「地震」は「地面が震えること」という意味です。「地」が「地面」、「震」が「ふるえる」という意味なのは、すぐ分かるでしょう。そして語順は、「地」が上に、「震」が下に来ています。

日没

「日没」は「太陽が沈むこと」という意味です。「日」が「太陽」、「没」が「沈む」という意味です。語順はやはり「日」が上に、「没」が下に来ています。

雷鳴

「雷鳴」は「雷が鳴ること」という意味です。「雷」が上に、「鳴」が下に来ています。

(2) 動詞＋目的語

「○を□する」とか「○に□する」という意味の二字熟語は、「□○」という順番になります。すなわち必ず動作を表す動詞が上に来て、その動詞で示される動作の対象を表す名詞が下に来ます。日本語の語順とは逆です。これは中国語の語順に従っているからなのです。

読書

「読書」は「本を読む」という意味の二字熟語です。日本語の通常の語順では「本を」という動作の対象を表す言葉が上に来て、「読む」という動作を表す言葉（動詞）が下に来ます。しかし「読書」というに熟語を見ると、「読む」という意味の「読」という字が上に来て、「本」という意味を表す「書」という字が下に来ています。日本語の語順と逆になっています。

握手

「握手」は「手を握る」という意味です。「読書」と同じく、「握る」という意味を表す「握」という字が上に来て、「手」という字が下に来ています。

登山

「登山」は「山に登る」という意味です。これも、二字熟語では「登る」という動作を表す「登」字が上に来て、「山」という動作の対象を表す字が下に来ています。

(3) 修飾語＋被修飾語

修飾語と被修飾語で構成される二字熟語は、修飾語（説明する語）が必ず上に来て、被修飾語（説明される語）が必ず下に来ます。

遠路　（形容詞＋名詞）

「遠路」は「遠い路」という意味で、上の字が形容詞、下の字が名詞です。この二字熟語では、「遠い」という字が「路」という字を修飾している関係にあります。

飛鳥　（動詞＋名詞）

「飛鳥《ひちょう》」は「飛ぶ鳥」という意味で、上の字が動詞、下の字が名詞です。「鳥」にもいろいろな種類がありますが、その中でも「飛ぶ」という説明を付けることで、「鳥」の種類を限定しています。すなわち「飛ぶ」という動詞が

「鳥」という名詞を説明しています。

この形と先の「動詞＋目的語」の形とでは、上に動詞、下に名詞が来るという点で、同じ形をしています。しかしこの例では上の動詞が下の名詞を説明するという関係になっています。「動詞＋目的語」では、下の名詞に対して上の動詞で示される動作が行われることを表します。すなわち意味が異なります。意味の違いによって、この二つの形の違いを理解しましょう。

家事（名詞＋名詞）

「家事」は「家の事」という意味です。上の字も下の字も名詞ですが、いろいろある「事」（ことがら）の中で「家の」「事」というように、上の「家」という名詞が下の「事」という字を修飾しています。

仮定（副詞＋動詞）

「仮定」は「仮に定める」という意味で、上の字が副詞、下の字が動詞です。そもそも副詞は用言（動詞・形容詞）を修飾する言葉です。「定める」という動作にはいろいろなやり方があるのでしょうが、そのやり方が「仮に」であるということです。「仮に」という語が「定める」という語を修飾しています。このように、副詞は必ず動詞や形容詞のすぐ前に置かれます。

立食（動詞＋動詞）

「立食」は「立って食べる」という意味です。「立」が「立つ」という意味の動詞、「食」も「食べる」という意味の動詞で、この二字熟語は二つの動詞から構成されています。そして上の「立」が「立った状態で」と下にある動詞

「食」で示される動作を具体的に説明しています。説明する（修飾する）字が上に、説明される字が下に来ています。

客車　（名詞＋名詞）

「客車」は「客が乗る車」の意味です。「車」にもさまざまな種類がありますが、「車」という字の前に「客」という名詞を付けることで、「客が乗る」「客のための」という意味を付け加えています。つまり、「客」という字が「車」という字を説明しています。ここでも説明する字が説明される字の前に置かれています。

以上、修飾語と被修飾語の関係にある二字熟語を見てきました。二字熟語の一文字一文字の品詞はいろいろあり、その組み合わせもいろいろあります。しかしどのような品詞の字の組み合わせであっても、修飾語が被修飾語の上に置かれるというのは、全て同じです。漢文では、修飾語と被修飾語の関係は、必ずこの順序になります。

（4）動詞の連続

二つの動詞が連続して用いられる二字熟語です。「動詞＋動詞」という形式で、二つの動作が連続して行われるのであり、上の動詞と下の動詞が意味的には対等な関係にあります。前項の「立食」のような上の動詞が下の動詞を修飾する関係にある二字熟語と同じように見えます。しかし動作の連続の場合は、修飾・被修飾の関係にはありません。上の字が下の字を説明する関係にあるか（前項）、二つの動作が対等に順番に行われるか、の違いです。

迎撃　（迎え撃つ）

この二字熟語で、「迎」は「むかえる」という意味の動詞、「撃」は「うつ」という意味の動詞で、この二文字で

「立食」「むかえうつ」という意味になります。この二字熟語は二つの動詞によって構成されています。前項で見た「立食」の場合は、「立」字が「食」字を説明しているのでした。しかしこの「迎撃」という二字熟語の意味は、「(敵を)むかえて、それから(敵を)攻撃する」という意味であって、「迎」という字で示される動作と「撃」という字で示される動作に継続性があります。このように動作が連続して行われることを示す時には、動作が行われる順番に漢字(動詞)を並べます。まず「敵をむかえて」からその後に「攻撃する」のですから、「迎」字が先に来て、「撃」字が後に置かれます。決して「×撃迎」という順番にはなりません。

出行　(出て行く)

この二字熟語は「でていく」という意味です。ある範囲から外に出て、それからどこかの目的地へ「いく」ことになります。まず「外に出る」という行為があってから、その後に「どこかに行く」という動作が行われます。二つの動作が連続して行われる場合は、その動作が行われる順番に漢字が並べられるのですから、「出行」という順番になります。決して「×行出」という順番にはなりません。

この二つの二字熟語に見られるように、二つの動作が連続して行われる場合、その動作を示す動詞は動作が行われる順番に並べられる、というのは、中国語の重要な文法事項のひとつです。

2、基本文法

（1）名詞述語文

中国語では、名詞が動詞を伴わず、単独で述語になることができます。次の例文を見てみましょう。

諸葛孔明ハ臥龍也。

書き下し：諸葛孔明は臥龍なり。
現代語訳：諸葛孔明は臥《ふ》せっている龍である。

「諸葛孔明」が人名、この文の主語です。そして「臥龍」というのは諸葛孔明の号なのですが、ここでは文字通りの意味、「臥した龍」と捉えていいでしょう。「臥」が「龍」の修飾語になっています。ここに動詞はありませんが、「臥龍」という名詞が単独で、主語「諸葛孔明」に対する述語になっています。訓読する時には、主語の名詞に「は」という送り仮名を送り、文末に断定の助動詞「なり」を付けるのが一般的です。この文では文末に「也」字があるので、この字を「なり」と読みます。

（2）形容詞述語文

中国語では、形容詞が動詞を伴わず、単独で述語になることができます。

敲《ノ》字佳《シ》矣。

書き下し：敲の字佳し。

現代語訳：「敲」の字の方がよい。

「推敲」という故事成語の元になったお話しの一節です。「敲字」で「『敲』という字」という意味で、一つの名詞となり、これが主語です。そして「佳」字が「よい」という意味の形容詞です。ここには動詞はありませんが、形容詞だけで述語となって、一文を構成しています。

吾《ノ》所《ノ》レ為《ス》者《ハ》極《メテ》難《キ》耳。

書き下し：吾の為す所の者は極めて難きのみ。

現代語訳：私がしようとしていることはとても難しいことだ。

「吾」は一人称代名詞、「所為」で「為す所」と読んで、「しようとすること・すること」という意味です。「所」は動詞を名詞化する働きがあります（後述）。「極」は程度が甚だしいことを示す副詞、「難」は「むずかしい」という意味の形容詞、「耳」はここでは強調を示す助詞です。

「吾所為者」で「私がしようとしていること」という意味で、この四文字で主語になります。この文には動詞がありません。そして「難」という形容詞だけで述語になっています。このように述語となる形容詞に副詞が付け加えられることもあります。

(3) 主語＋動詞＋目的語

漢文のいちばんの基本と言ってもいい文型です。文頭に来る名詞が主語、次に動詞が来て（その前に副詞が来ることもあります）、その後に来る名詞が目的語になります。目的語には、「を」とか「に」という送り仮名を付けることが多いです。

宋人得レ玉ヲ。

書き下し：宋人玉《ぎょく》を得《う》。

現代語訳：宋の国の人は玉を手に入れた。

「宋人」は「そうひと」と読んで、「宋の国の人」という意味です。「得」は「手に入れる」という意味の動詞、「玉」は、「たま」ではなく、「ぎょく」と読んで、中国の宝石の一種です。「玉」が動詞「得」の目的語です。目的語「玉」が動詞「得」の下にあります。

蘇代過ギル二易水ヲ一。

書き下し：蘇代易水を過《よ》ぎる。

現代語訳：蘇代が易水を通り過ぎた。

「蘇代」が人名、「易水」が地名（川の名前）、「過」が「通り過ぎる」という意味の動詞です。文頭の「蘇代」が主語、「易水」が動詞「過」の目的語です。目的語「易水」が動詞「過」の下にあります。

曹操擁《ス》二百万之衆《ヲ》一。
書き下し：曹操百万の衆を擁す。
現代語訳：曹操は百万の衆をしたがえた。

「曹操」が人名、「擁」はここでは「したがえる、集める」という意味の動詞です。「衆」は「たくさんの人」という意味の名詞で、それに「百万之」という連体修飾語（「之」は連体修飾語を作る助詞）が付いています。「百万之衆（百万の衆）」で動詞「擁」の目的語になっています。

次の例文を見てみましょう。

心《ハ》飛《ブ》故国《ノ》楼。
書き下し：心は飛ぶ故国の楼
現代語訳：心は故郷の高殿へと飛んで行く

この文では、「心」が主語、「飛」が動詞、「故国楼」が目的語です。したがって本来ならば、「心は故国の楼に飛ぶ」と読むはずです。そしてこの読み方で決して間違いではありません。ただ、この例文は李白の「太原早秋」という詩の一節で、作者の感情が凝縮された表現です。そのため訓読する時もその作者の感情をも表そうとして、あえて倒置で訓読することがあります。そのため「心は飛ぶ故国の楼」と訓読しています。あくまで訓読、書き下し文にする時に倒置しているのであって、もとの漢文（中国語）が倒置になっているわけではありません。

（4）主語＋動詞＋間接目的語＋直接目的語

漢文（中国語）の動詞の中には、目的語を二つ取ることができるものがあります。そして語順は、やはり二つの目的語はいずれも動詞の下に来ます。先に置かれる目的語のことを「間接目的語」、後に置かれる目的語のことを「直接目的語」と呼びます。訓読する時は、間接目的語に「～ニ」、直接目的語に「～ヲ」という送り仮名を付けます。

趙モ亦タ終ニ不レ予ヘ二秦ニ璧ヲ一。

書き下し：趙も亦た終に秦に璧を予《あた》へず。

現代語訳：趙の国も結局秦の国に（宝物の）璧を与えなかった。

「趙」・「秦」は戦国時代の国の名前です。「予」が「あたえる」という意味の動詞です。「予」という動詞の後に、間接目的語として「秦」が、直接目的語として「璧」が置かれています。

（5）介詞（前置詞）

「介詞《かいし》」とは、すぐ後に続く名詞と一緒になって、その文の動詞で示される動作・行為が行われる時間・場所・原因・方法などを表す語のことです。英語など西洋言語の「前置詞」に相当します（用法に多少の違いがあります）。そして介詞とその後に続く名詞を合わせて「介詞句《かいしく》」と呼びます。介詞句は、現代中国語では必ず動詞の前に置かれますが、古典中国語では動詞の前に置かれることもあれば、動詞の後に置かれることもあります。

吾与二数友一読ムレ書ヲ。

書き下し：吾数友と書を読む。

現代語訳：私は数人の友人と一緒に本を読んだ（勉強した）。

文頭の「吾」が主語で、「与」が「〜といっしょに」という意味を表す介詞です。「与」のすぐ後に動作の対象となる名詞「数友」があり、その後に動詞句「読書」があります。介詞句が動詞句の前に置かれている例です。

為《メニ》二智伯《ノ》一報《ズ》レ仇《ヲ》。

書き下し：智伯の為めに仇を報ず。

現代語訳：智伯のために敵討ちをした。

文頭の「為」が介詞で、「〜のために」という意味です。「智伯」は人名です。「為智伯」で介詞句を構成し、動詞「報」の前に置かれています。

巨丈夫自《リ》二山《ノ》上一来《タル》。

書き下し：巨丈夫山の上より来たる。

現代語訳：大男が山の上からやってきた。

「巨丈夫」は「大男」という意味の名詞で、この文の主語です。「自」が出発点を表す介詞で、そのすぐ後に場所や時間を表す名詞が来ます。「山上」は名詞、「山の上」という場所を表しています。意味から場所を表すことができます。「来」がこの文の動詞です。「自山上」で介詞句を構成し、動詞の前に置かれています。

於イテ二薦底ニ一得二銭三百ヲ一。

書き下し：薦底に於いて銭三百を得。

現代語訳：寝床の筵の下で三百銭を手に入れた。

「於」が場所を示す介詞、「薦底《せんてい》」が「寝床の筵《むしろ》の下」という意味の名詞で、この文では動作が行われる具体的な場所になります。「得」が動詞、「銭三百」がその目的語です。この文も、介詞「於」とそのすぐ下に置かれる名詞とで構成される介詞句が、動詞の前に置かれている例です。この場合介詞「於」は、いわゆる「置き字」として送り仮名にしてしまわず、「おいて」と明確に読みます。

吾題ス二詩一篇ヲ於屋壁ニ一。

書き下し：吾詩一篇を屋壁に題す。

現代語訳：私は詩一首を部屋の壁に書き記した。

文頭の「吾」が主語で、「題」が「書き記す」という意味の動詞、「詩一篇」が動詞「題」の目的語、「於」が場所を示す介詞、「屋壁」が介詞「於」で示される具体的な場所を表す名詞です。この例は、介詞句が動詞と目的語の後に置かれている例です。この場合の「於」字の訓読は、送り仮名に場所を表す格助詞「に」を付け加えることで、「於」字の意味をすでに取っていると理解し、改めて「於いて」と読まず、「屋壁に」となります。

（6）一文に動詞が二つある文

一つの文の中に、動詞が二つ出てくることがあります。そのパターンは一様ではありません。そのパターンによって意味が違い、読み方ももちろん異なります。以下、それぞれのパターンを見ていきましょう。

①動作の連続

動詞で示される動作が連続して行われる場合、一文の中に動詞が二つ現れます。そして動作が行われる順番に、動詞が並べられます。二つの動詞のどちらにも、副詞が付いたり目的語を取ったりすることがあります。

相見エテ言フ㆓姓名ヲ㆒。

書き下し：相見《まみ》えて姓名を言ふ。

現代語訳：お目にかかって姓名を言った。

「相」は「あい」と読み、動作の対象（相手）があることを示す副詞、「見」が一つ目の動詞です。次の「言」が二つ目の動詞、「姓名」が「言」の目的語になっています。まず「会う」という動作が行われて、その後に「姓名を言う」という動作が行われます。動作が行われる順番に動詞が並んでいます。

なお目的語となる名詞は、動詞のすぐ後に置かれます。この例文で言えば、動詞「言」の直後に名詞「姓名」が置かれていて、これが動詞「言」の目的語になります。動詞「見」と名詞「姓名」は離れているので、「姓名」が「見」の目的語になることは、絶対にありません。

蚩尤作シテレ兵ヲ伐ツ二黄帝ヲ一。

書き下し：蚩尤《しゆう》兵を作《おこ》して黄帝を伐つ。

現代語訳：蚩尤は兵を起こして黄帝を討った。

「蚩尤」は悪神の名前、この文の主語になります。「作」が動詞で、ここでは「起こす」の意味です。「兵」が名詞、「伐」が動詞、「黄帝」が伝説上の天子の名前です。この文では「作」と「伐」の二つの動詞があります。名詞「兵」は動詞「作」のすぐ下に、そして名詞「黄帝」は動詞「伐」のすぐ下にあるので、「兵」が「作」の目的語、「黄帝」が「伐」の目的語になっています。蚩尤がまず「兵を作す」という動作を行い、引き続き「黄帝を伐つ」という動作を行います。動作が行われる順番に動詞が並んでいます。また、目的語は必ず動詞の直後の名詞です。目的語となる名詞が離れているところにあったり、動詞の前にあったりすることはありません。ただし、目的語となる名詞に修飾語が付くことはあります。

②主述述語文

一文の中に動詞が二つあり、後に出てくる動詞がすでに一つの文を構成していて、そしてその一文が最初に出てくる動詞の目的語となっているという構文です。

いくつか例を見てみましょう。

百姓見ル二我必ズ起立スト一。

書き下し：百姓《ひやくせい》我必ず起立すと見る。

現代語訳：民衆たちは、私はきっと起ち上がると考えた。

「百姓《ひゃくせい》」は「一般庶民、民衆」の意味です。「見」が動詞です。「我」が一人称代名詞、「必」が副詞、「起立」が動詞です。「起ち上がる」という意味ですが、この文ではもっと強く「何か行動を起こそうとして起ち上がる」という語感で使われています。「我必起立」で「私はきっと起ち上がる」という意味の一つの文を構成しています。そして「我必起立」という一文が、「見」という動詞の目的語になっています。

其ノ人見ル二少婦控クヲレ驢ヲ。

書き下し：其の人少婦驢《ろ》を控《ひ》くを見る。

現代語訳：その人は若い女性がロバを牽《ひ》いているのを見た。

「少婦」は「若い女性」の意味です。「少」は「少年」・「少女」の「少」と同じで、「わかい」という意味を表します。「控」は「引く」、「驢」は「ロバ」です。「少婦控驢」で「若い女性がロバを牽く」という意味となり、すでに主語＋述語＋目的語の構文をした一つの文になっています。そしてこの一文が動詞「見」の目的語になっています。

家人見ル二一蝦蟆ノ大ナルコト如キヲレ斗ノ。

書き下し：家人一蝦蟆《がま》の大なること斗のごときを見る。

現代語訳：家の者は一匹のガマガエルが柄杓ぐらい大きいのを見た。

主述述語文の構文には違いないのですが、目的語となる一文が形容詞述語文で、動詞を伴わないこともあります。

この例文の場合、動詞は「見」一つしかありません。この文では、「家人」（家の者）が主語になり、「見」（見る）が動詞です。そしてそれに続く「一蝦蟆大如斗」は、「一蝦蟆」が主語、「大」が形容詞、「如斗」（斗のごとし）が形容詞「大」の程度を説明する語です。「一蝦蟆大如斗」（一蝦蟆大なること斗のごとし）が形容詞述語文として一つの文になっています。形容詞述語文なので動詞はありませんが、この一文全体が動詞「見」の目的語になっています。これも主述語文の構文です。

③兼語文

一文の中に二つある動詞のうち、最初に出てくる動詞の目的語となっている名詞が、後に置かれている動詞の主語になっている構文のことを、「兼語文《けんごぶん》」と言います。この兼語文は、日本語など他の言語には見られない中国語に独特な構文です。それだけに漢文訓読や現代語訳をする時にはやや工夫が必要です。使役の語感を持つ構文に多く見られます。

孫権勧メテ二呂蒙ニ一読マシムレ書ヲ。

書き下し：孫権呂蒙に勧めて書を読ましむ。

現代語訳：孫権は呂蒙に勉強するよう勧めた。

この文の主語は文頭にある「孫権」です。この「孫権」は人名です。「勧」が一つ目の動詞です。そしてそのすぐ下にある「呂蒙」が「勧」という動詞の目的語になっています。さらにその下の「読」が二つ目の動詞で、この動詞「読」の主語はすぐ上の「呂蒙」です。そして「書」が動詞「読」の目的語になっています。すなわち、この文の

「呂蒙」という一つの名詞が、動詞「勧」の目的語となっていると同時に、動詞「読」の主語になっています。孫権が呂蒙に勧めます。そして呂蒙が「読書」をします。あくまで「読書をする（勉強する）」のは呂蒙であって、孫権ではありません。このような構文が「兼語文」です。

訓読や現代語訳をする時には、少し工夫をします。もし「×孫権呂蒙に勧めて書を読む。」と訓読すると、この文全体の主語である「孫権」が「読書」（書を読む）するという動作を行うようになってしまいます。この文で示されている意味は、「呂蒙」が「読書」するのであり、「孫権」は「呂蒙」に「読書」させるということです。そこで訓読する時に、動詞「読」に使役の助動詞を補い、「読ましむ」とします。そうすることで、書き下し文にもとの漢文の意味を正確に表すことができるようになります。現代語訳も同じように使役を補って訳します。

燕王召シテ二袁珙ヲ一入見セシム。

書き下し：燕王袁珙《えんきよう》を召して入見せしむ。

現代語訳：燕王は袁珙を召し出し、袁珙は燕王と会見した。

燕王は袁珙を召し出して会見させた。

「燕王」は人名、燕の国の王様（ここでは後の明の永楽帝）のことで、この文の主語です。「召」が主語「燕王」に対する動詞、「袁珙」が人名で、動詞「召」の目的語になっています。それと同時に、「袁珙」は動詞「入見」の主語にもなっています。燕王が袁珙を招き、袁珙が燕王の宮殿に入って燕王と会見する、という意味です。書き下しも現代語訳も少し工夫が必要です。ここでも「入見せしむ」と、使役を補って訓読します。現代語訳も同様です。

有《リ》レ朋自《リ》二遠方一来《タル》。

書き下し：朋有り遠方より来たる。（朋遠方より来たる有り。）

現代語訳：友人が遠くからやってきた。

動詞「有」のある文で、兼語文の構文を取ることがあります。「有」が動詞で、「朋」が「有」の目的語です。「自」はここでは起点・出発点を示す介詞です。「遠方」が介詞「自」と一緒になって、介詞句を構成します。そして「自遠方来」が介詞句＋動詞で、その主語は「朋」です。「朋」が「有」、いて、その「朋」が「自遠方来」遠くからやってくる、という意味です。「朋」が動詞「有」の目的語になっていると同時に、動詞「来」の主語にもなっています。なおこの文は、「朋遠方より来たる有り」と読む訓読のしかたもあります。

(7) 助動詞

助動詞は、動詞のすぐ上に置かれて、動詞で示される動作に補助的な意味を付け加えます。助動詞ごとに決まった訓読のしかたがあります。

山青《クシテ》花欲《ス》レ然《エント》。

書き下し：山青くして花然《も》えんと欲す。

現代語訳：山は青々としていて花が咲きほころうとしている。

「山青」は「山が青い」という意味です。その下、「花」が主語、「然」が「燃える」という意味の動詞です。動詞「然」のすぐ上にある「欲」が助動詞で、「〜したい」や、「〜しようとしている」という意味を付け加えます。訓読は、まず動詞を読んでから、助動詞「欲」を読みます。そして動詞の後に推量の助動詞「む（ん）」・格助詞「と」を付け、「〜んと欲す」と読みます。「花欲然」で「花然えんと欲す」という読みになります。

能ク解ス二狙之意ヲ一。

書き下し：能く狙《そ》の意を解す。

現代語訳：猿の気持ちを理解することができる。

「能」は可能の意味を表す助動詞です。やはり動詞のすぐ上に置かれます。そして「よく」と読みます。この文では、「能」が助動詞、「解」が動詞、「狙」と「意」が名詞、「之」が「狙」と「意」を繋《つな》いで「狙」が「意」の連体修飾語であることを示す助詞です。「狙の意」で動詞「解」の目的語になっています。

人不レ能ハレ制スル。

書き下し：人制する能《あた》はず。

現代語訳：人は押さえつけることができない。

可能を表す助動詞「能」の否定形で、用言を否定する否定詞「不」や「未」が「能」の上にある場合は、読み方が変わり、「あたはず」と読みます。

無《シ》㆓能《ク》及《ブ》㆑之《ニ》矣。

書き下し：能く之に及ぶ無し。

現代語訳：これに及ぶことができる者はいなかった。

しかし同じ否定詞でも、「能」を含む文を「無」で否定する場合は、肯定文と同じように、「よく」と読みます。「無」は「有」の反対の意味で、物や人の存在を否定します。この例文で言えば、「能及之」（能く之に及ぶ）ということが「無」、存在しない、ということなのです。「能及之」で一つのまとまったことがらとして捉えます。そのため助動詞「能」は肯定文の時の読み方「よく」と読むのです。「能及」（能く及ぶ）という動作行為を否定しているのではありません。

子弟朋友《ノ》間《ニ》無《シ》㆔能《ク》授《クル》㆓其《ノ》法《ヲ》㆒。

書き下し：子弟朋友の間に能く其の法を授くる無し。

現代語訳：子弟や友人たちの間でその方法を授けることのできる者はいなかった。

この文も同様です。「子弟朋友間」が主語で、否定詞「無」があり、その後に「能授其法」という動詞句が続いています。「無」はこの動詞句全体で示されることが存在しないことを示します。動詞句全体が一つのまとまりなので、まずこの動詞句を「能く其の法を授く」と読んで、それから「無」でそれを否定するのです。したがってこのような書き下し文になります。

劉備三タビ往キ、乃チ得レ見ユルヲレ亮ニ。

書き下し：劉備三たび往き、乃ち亮に見《まみ》ゆるを得。

現代語訳：劉備は三度出かけて、やっと諸葛亮に会うことができた。

「得」が可能を表す助動詞です。やはり動詞「見」のすぐ上に置かれています。訓読のしかたは、動詞を読んだ後、その動詞の連体形に送り仮名「を」を付けて、そこから「得」字に返り、ア行下二段活用動詞「得（う）」を当てます。「亮」は人名、諸葛亮のことです。

可シ二以テ匡ケテレ主ヲ済フレ民ヲ。

書き下し：以て主を匡《たす》けて民を済《すく》ふべし。

現代語訳：主君を助け庶民を救うことができる。

「可以」の二文字で「～することができる」という意味を表す助動詞です。二文字で一つの意味を表しますが、訓読は「もって～べし」と分けて読みます。この例文では、まず「以」字を読んで、その下の動詞句「匡主済民」を読んでから、「可」字を読みます。訓読で「可」と「以」が分かれているからといって、現代語訳でも「可」と「以」を分けて訳す必要はありません。

可能の助動詞の使い分け

助動詞の「能」・「得」・「可以」いずれも可能を表し、「～（する）ことができる」と訳します。この三種類の助動詞は、確かにほぼ同じような意味で使われることも少なくありません。しかし厳密には、いくらかニュアンスの違いはあります。

「能」は「能力」の「能」なので、「できる」であっても「能力があってできる」というニュアンスがあります。「得」はもともと「手に入れる」という意味なので、「得」以下に記される「ことがら・状況を手に入れる」というニュアンスがあります。「可以」の「可」は「よい、よろしい」という意味なので、「可以」には「条件などで許されてできる」というニュアンスがあります。

しかし実際の文章で出てくる時は、それほど明確に区別されているとは限りません。

(8) 否定文における、動詞・補語の倒置

まず次の例文を見てみましょう。

時 人 未《ダ》ル二 之《ヲ》 奇《トセ》一 也。

この文は「時人未だ之を奇とせざるなり」と読みます。「時人」が「その当時の人」という意味で、この文の主語になります。「未」は再読文字ですが、否定詞ですぐ下に来る動詞を否定します。その下には「之」という字があり、「立派だと認める」という意味の動詞「奇」はさらにその下に置かれています。「之」字は「これを」と読むのですから、動詞「奇」の目的語です。動詞と目的語の関係は、本来は動詞が上に来て、目的語はそのすぐ下に置かれるはずでした。しかしこの例文では逆になっていて、目的語の「之」が動詞「奇」の上に来ています。

これは特殊な倒置表現です。たびたび見られるものではありません。このような動詞と目的語の倒置がされる時に

は、決まった条件があります。

・目的語が代名詞であること

・否定文であること

この二つの条件が両方とも揃った時に、このような語順になることがあります。最初の条件の「代名詞」には、「之」のほか、「我」・「吾」・「汝《なんぢ》」・「爾《なんぢ》」といった、人称代名詞などがあります。この倒置の構文は、特に先秦時代の古い文章に比較的多く見られますが、それ以降の文章でも時々現れます。あくまで特殊な倒置表現であって、上記の二つの条件が揃っていても、必ずこの倒置が行われているとは限りません。

3、注意すべき語

(1) 介詞「与」(「と」)の読み方

「与」という字にはいくつかの意味・読み方があります。その中で介詞として動詞で示される動作を共同で行う対象や、その動作が関わる対象を表します。その時「与」は「と」と読みます。

与レ君　生《キナガラ》　別　離《ス》。

書き下し：君と生きながら別離す。

現代語訳：あなたと生きながら別れ別れになった。

介詞「与」に動作の対象を示す「君」という人称代名詞が付いています。「与君」で「君と」と読みます。「生」も「別離」も動詞ですが、「生」が「別離」を修飾しています。介詞句「与君」が動詞句の前に置かれています。

袁紹与㆓韓馥㆒謀リテ立㆓テテ劉虞ヲ㆒為レス帝ト。

書き下し：袁紹韓馥《かんふく》と謀りて劉虞《りゅうぐ》を立てて帝と為す。

現代語訳：袁紹は韓馥と謀って劉虞を立てて皇帝とした。

「袁紹」・「韓馥」・「劉虞」が人名です。文頭の「袁紹」が主語です。「与」が介詞、そのすぐ後の「韓馥」が動作をともに行う相手を示し、介詞「与」とともに介詞句を構成します。「謀」・「立」・「為」はそれぞれ動詞で、ここでは動作の連続です。

注意しなければならないのは、「袁紹与韓馥」の読み方です。「与」は介詞であって接続詞ではないので、「与韓馥」で「韓馥と」と読みます。この「と」が「与」の読みで、漢文訓読では、「馥」字から「与」字に返って読みます。そして「袁紹与韓馥」で「袁紹　韓馥と」という読みになります。あるいはこの文の場合は「袁紹と韓馥と」と読んでもいいでしょう。その場合でも「与韓馥」で「韓馥と」と読み、「袁紹と」の「と」は送り仮名として付けます。「✕袁紹と韓馥は」という読み方にはなりません。

今ノ天下ノ英雄ハ、唯ダ使君ト与レ操耳。

書き下し：今の天下の英雄は、唯だ使君と操とのみ。

現代語訳：今の天下の英雄は、ただあなた（使君）と私（操）だけだ。

この文は、曹操と劉備が世の中の英雄について会話をしている時の曹操のセリフの一部です。前半の「今天下英雄」の意味は、すぐ分かるでしょう。後半「唯」は限定を表す副詞、「使君」は州や郡の長官を表す言葉ですが、ここでは劉備を指し、曹操から劉備に対する二人称として用いられています。「与」が介詞です。「操」は曹操のことで、この文は曹操のセリフなので、「操」は曹操による一人称として使われています。「使君与操」は「使君と操と」という読みになるのですが、「与」字が介詞なので、「与」字は「操と」の「と」に当たります。「使君と」の「と」は送り仮名として補います。決して「使君と」の「と」が「与」の読みになるわけではありません。

(2) 所（動詞の名詞化）　所＋動詞

動詞のすぐ上に「所」字が置かれることがあります。「～（する）ところ」と読んで、「所」字のすぐ下に置かれている動詞を名詞化します。日本語の中にも「所見」・「所蔵」・「所有」などといった二字熟語として使われることが多い言葉です。「所見」は「見たもの、見るべきもの」、「所蔵」は「蔵するもの、持っているもの」、「所有」は「持っているもの」という意味で、いずれも動詞の上に「所」字があって、動詞を名詞化した意味になっています。では例文で見ていきましょう。

楼上ニ無シレ所レ見ル。

書き下し：楼上に見る所無し。
現代語訳：建物の上に見るべきものがない。

「楼」は二階建て以上の建物です。「楼上」で「建物の上」という意味です。「無」はものごとの存在を否定する動詞です。「所見」が動詞「見」（みる）を名詞化した語で、ここでは「見るべきもの」の意味がいいでしょう。

聴《キテ》二其《ノ》所《ヲ》レ為《ス》、慎《ミテ》無《カレ》二与《ニ》争《フ》レ事《ヲ》。
書き下し：其の為す所を聴きて、慎みて与《とも》に事を争ふ無かれ。
現代語訳：そのしようとしていることを聴いて、謹んで一緒に物事を争ってはならない。

「所為」が動詞「為」を名詞化した語です。「為」は「なす」と読んで、「（何かを）する」という意味です。それに「所」がついて名詞化しているので、「所為」で「すること、しようとしていること」という意味になります。

無《シ》レ所《レ》知《ラルル》レ名《ヲ》。
書き下し：名を知らるる所無し。
現代語訳：名前を知られることがなかった。

「所」字の後に置かれる動詞が目的語を取ることがあります。この文では、「知」が動詞で、「名」という名詞が動詞「知」の目的語になっています。そして「知名」の上に「所」字があって、動詞「知」を名詞化しています。「所知」で「知っていること、知られていること」の意味なので、「所知名」で「名前を知られていること」という意味になります。そしてその上に否定詞「無」が置かれています。

(3)「在」と「有」

「在」も「有」も、漢文訓読では「あり」と読みます。同じ読み方なので、意味も同じなのではないかと考えてしまいそうです。しかし実際は「在」と「有」では大きく意味が異なります。その違いを見ていきましょう。

①「在」の場合

主語（存在する人・物など）＋在＋存在する場所

項羽ノ兵四十万在リ二新豊ノ鴻門一ニ。

書き下し：項羽の兵四十万、新豊の鴻門に在り。
現代語訳：項羽の兵四十万が新豊の鴻門にいる。

「項羽」は人名、秦の時代、漢の劉邦と覇権を争った楚の国の将軍です。「新豊」も「鴻門」もいずれも地名です。「在」の前に置かれる主語は、存在する人や物です。そして「在」の後に主語で示された存在する人や物が存在している場所が置かれます。「在」は現代日本語に訳すと、「～にある」とか「～にいる」となることが多いです。この例文では、「項羽兵四十万」が主語で、存在するものを表します。「在」が動詞で、その下に「新豊鴻門」と場所を示す語が来て、ここ「新豊鴻門」に主語の「項羽兵四十万」が「在」いる、という意味です。

②「有」の場合

主語（人・物・場所など）＋有＋存在する物

蘇子美有リ㆓逸才㆒。

書き下し：蘇子美《そしび》逸才有り。

現代語訳：蘇子美には優れた才能がある。（蘇子美は優れた才能を持っている。）

「蘇子美」は宋代初めの頃の文学者である蘇舜欽《そしゅんきん》のことです。「有」字の前に主語が来て、それは人であったり物であったり場所であったりします。「有」字の後にはそこに存在している物・事が来ます。主語が人の場合はその人が持っているものであったり、主語が場所であればその場所にあるものであったりします。現代日本語に訳すと、「～がある」とか「～を持っている」となることが多いです。

この「有」という動詞を訓読する時に、もう一つ注意すべきことがあります。それは「有」字の目的語に付ける送り仮名です。

通常、漢文訓読の読み方では、動詞の目的語になる語には「を」とか「に」という送り仮名を付けます。例えば「読書」なら「書を読む」のように、「書」という目的語に「を」という送り仮名が付きます。また「登山」なら「山に登る」のように、「山」という目的語に「に」という送り仮名が付きます。しかし「有」という動詞の場合はこれらとは少し異なります。先の例文の「有逸才」では「有」が動詞、「逸才」が目的語です。動詞の後に目的語が置かれていて、漢文（古典中国語）の典型的な語順になっています。しかし訓読では「逸才有り」と読みます。目的語の「逸才」には「を」とか「に」という送り仮名は付きません。これは日本語の「有り」という動詞の用法にしたがって、このような読み方になります。この点が他の動詞と異なるので、気をつけましょう。

なお「在」の場合は、同じように「あり」と読みますが、このように目的語に送り仮名が付かないということはありません。そもそも「在」の後には場所を示す目的語が置かれますから、基本的には必ず「に」という送り仮名が必要になります。

では次の文章はどんな意味でしょうか。

宜城ニ有リ二金沙泉一、在リ二県ノ東二里ニ一。

書き下し：宜城に金沙泉有り、県の東二里に在り。

「宜城」は地名、県の名前です。「金沙泉」は泉の名前です。前半部分は、「有」の前に「宜城」という地名があり、「有」の後に「金沙泉」があります。だから「宜城に金沙泉がある」という意味になります。続いて、後半部分は、「在」の前には何もありません。ここは前半部分からのつながりで、「金沙泉」が「在」の主語になることが明らかなので、ここでは省略されています。そして「在」の後には「県東二里」とあります。これは「県庁の東二里のところ」という意味です。「金沙泉」がある場所を示しています。この文全体をとおして「宜城県には金沙泉があり、金沙泉は県庁の東二里のところにある」という意味になります。「有」の後に存在する物（ここでは「金沙泉」）、「在」の後に存在する場所（ここでは「県東二里」）が来ているのが分かるでしょうか。

このように、「有」も「在」も訓読では「あり」と読みますが、「有」は主語が所持している物やそこに存在している物を示し、「在」は主語が存在している場所を示します。意味・用法は大きく異なります。漢字の読み方に引きずられないように気をつけましょう。

第七章　基本句法（決まった読み方）

漢文ではさまざまな意味を表すために用いられる決まった文字があります。そしてそれぞれの意味によって、決まった読み方があります。漢文が上達するには、その決まった読み方をしっかり理解しておかなければなりません。逆に言えば、その決まった読み方を理解できれば、漢文が大きく上達するということでもあります。以下この章では、そのような決まった読み方をする文字や基本句法を見ていきましょう。

1、否定

漢文では、否定詞は必ず否定される語の前に置かれます。

(1) 用言の否定　不・弗

読み：ず（後に続く語がある場合活用し、読み方が変わります）

意味：～ない

用言、すなわち動詞・形容詞を否定する語に、「不」・「弗」があります。必ず否定される動詞・形容詞のすぐ前に置きます。ただし動詞・形容詞の前に副詞がある場合、否定詞は副詞の前に置くこともあります。訓読する時は、打ち消しの助動詞「ず」を当てます。

終ニ不レ言ハ二家産ノ事ヲ一。

書き下し：終《つひ》に家産の事を言はず。

現代語訳：結局家の財産のことは言わなかった。

「言」が「言う、話す」という意味の動詞で、そのすぐ上に用言を否定する「不」があって、動詞「言」を否定します。「不言」で「言はず」と読みます。

呉王弗レ聴カ、卒ニ赦スレ越ヲ。

書き下し：呉王聴かず、卒《つひ》に越を赦す。

現代語訳：呉王は（家臣の進言を）聞かず、結局越の国を許した。

「聴」が「聞く」という意味の動詞で、そのすぐ上に「弗」があり、動詞「聴」を否定します。「弗」も「不」と同様に打ち消しの助動詞「ず」を当てて訓読するので、「弗聴」で「聴かず」と読みます。

助動詞がある場合は、「不」・「弗」は助動詞の前に置きます。助動詞と動詞が密接に結びついているからです。

有リレ人堕チテ二其ノ中ニ一不レ能ハレ出ヅル。

書き下し：人有り其の中に堕ちて出づる能はず。

現代語訳：ある人がその中に落ちて出ることができなかった。

「能」が可能の意味を表す助動詞で、動詞「出」のすぐ前に置かれています。そして否定詞「不」は、助動詞「能」のさらにその前にあります。「能出」で「能く出づ」と読み、「出ることができる」という意味になります。その上に否定詞「不」があってこれを否定します。助動詞「能」が「不」によって否定される場合は、読み方が変わり「能はず」となります（「第六章 2 基本文法（7）助動詞」の項参照）。「不能出」で「出づる能はず」と読み、「出ることができない」という意味になります。

「ず」という読み方は日本語の打ち消しの助動詞なので、後に続く語によっては活用し、読み方が変わります。

沛公不ル㆔敢ヘテ背カ㆓項王ニ㆒也。

書き下し：沛公敢へて項王に背かざるなり。

現代語訳：沛公は項王に背こうとはしなかった。

この文では、「敢」字が副詞で動詞「背」の上にあり、さらにその上に否定詞「不」があります。「不敢背」だけであれば「敢へて背かず」と読みます。しかしこの文では文末に「也」字があり、この字は断定の助動詞「なり」で読みます。「不」字を読んでから「也」字を読むので、「ざるなり」と「ず」は連体形に変わります。

時に「不」が文末に置かれることがあります。この場合は否定詞ではなく、「いなや」と読み、選択式疑問文を作ります。

褚太傅問ヒテ㆓庾太尉ニ㆒曰ハク、「聞ク㆓孟従事ハ佳ナリト㆒、今在リヤ㆑此ニ不ヤト。」

書き下し：褚太傅《ちょたいふ》庾太尉《ゆたいい》に問ひて曰はく、「孟《もう》従事は佳なりと聞く、今此《ここ》に在りや不《いな》や。」と。

現代語訳：褚太傅は庾太尉に尋ねて言った。「孟従事は立派な人物だと聞いた。今ここにいるのでしょうか。」

この文は本来「今在此不在此」という形で、「今ここにいるのですか、いないのですか」という選択式疑問文の意味です。「在此」の繰り返しを省略して「今在此不」と表現しています。「不」の下に続く「在此」が省略されたために、これまでの例文のように「不」に打ち消しの助動詞を当てて読むことができません。そこでこのように文末にある「不」は「いなや」と読み、これで選択式疑問文として理解します。

汝 竟ニ 識ルヤ二 袁 彦 道ヲ一 不ヤ。

書き下し：汝竟《つひ》に袁彦道《ゑんげんだう》を識るや不《いな》や。

現代語訳：あなたは結局袁彦道（という人を）知っているのですか。

この文も本来は「識袁彦道不識袁彦道」という形の選択式疑問文で、「袁彦道を知っているか、知らないか」という意味です。二度目の「識袁彦道」が省略されています。「不」が文末にあるので、やはり「いなや」と読みます。

(2) 体言の否定　非

読み：あらズ（後に続く語がある場合活用し、読み方が変わります）

意味：～ではない

「不」が用言を否定するのに対して、「非」は体言、すなわち名詞・代名詞を否定します。そしてやはり否定する体言のすぐ前に置かれます。

某《ハ》非《ズ》レ人《ニ》、乃《チ》鬼使也。

書き下し：某《ぼう》は人に非ず、乃ち鬼使なり。

現代語訳：私は人間ではありません。幽霊の世界の使者です。

否定詞「非」のすぐ下には名詞「人」があります。そして「人」を否定するので、「人ではない」という意味になります。

群臣之事《フル》レ秦《ニ》者《ハ》、皆奸人《ナリ》、非《ザル》ニ忠臣《ニ》一也。

書き下し：群臣の秦に事《つか》ふるものは、皆奸人なり、忠臣に非ざるなり。

現代語訳：多くの家臣達で秦に仕えることを主張しているのは、みな心の正しくない者たちで、忠義の臣下ではない。

この例でも、否定詞「非」のすぐ下には名詞「忠臣」があります。「非」が「忠臣」を否定するので、「忠臣ではない」という意味になります。

また「非」字の読み方の「あらず」は、そもそもラ行変格活用動詞「あり」と打ち消しの助動詞「ず」が合わさったものなので、後に別の語が続くと、その語に応じて「ず」が活用します。ここでは断定の助動詞「なり」が続いているので、「あらざるなり」と読みます。

「非」の下には一つの文が来ることがあります。この場合、一文で示されていること全体を一つの名詞のように考え、それ全体を否定します。

孔子非《ズ》三傷《ミテ》而悼二痛《スルニ》之《ヲ》一。

書き下し：孔子傷《いた》みて之を悼痛《たうつう》するに非ず。

現代語訳：孔子は悲しみ傷んでいるのではない。

この文では、「傷而悼痛之」が一つの文で、「傷みて之を悼痛す」と読みます。この文を一つの名詞と捉え、否定詞「非」が「傷而悼痛之」という一文全体を否定していると考えます。

夏侯淵本非《ザル》二能《ク》用《キルニ》レ兵《ヲ》也。

書き下し：夏侯淵本能く兵を用ゐるに非ざるなり。

現代語訳：夏侯淵はもともと兵を用いることができるのではない。

この文でも「能用兵」が「能く兵を用ゐる」と読む一つの文です。そしてこの文を一つの名詞と捉えて、これ全体を「非」で否定します。

（3）存在の否定　無・莫

読み：なシ（後に続く語がある場合活用し、読み方が変わります）

意味：～がない

「無」も「莫」も、物事・事柄の存在や所有を否定します。存在を表す動詞「有」の反対の意味です。漢文訓読（日本語）では形容詞「なし」を当てて読みますが、そもそも動詞「有」（あり）の対義語なので、中国語としては動詞です。「非」と「無」の違いは、「非」がすぐ下に来る名詞そのものを否定するのに対し、「無」はすぐ下に来る名詞が存在しないことを表します。

絶《テバ》レ学《ヲ》無《シ》レ憂《ヒ》。

書き下し：学を絶てば憂ひ無し。

現代語訳：学問を絶ったら、憂いはない。

『老子』にある言葉です。こまごまとした学問による知識を止めて、世界の本質を理解すれば、心配事はなくなるという、老荘思想の教えです。「無」字で「憂」が存在しないことを表します。

莫《シ》二敢《ヘテ》犯《ス》者一。

書き下し：敢へて犯す者莫し。

現代語訳：（領地を）侵略しようとする者はいない。

「莫」も「無」と同じ意味です。ここでは「敢犯者」の存在を否定しています。

（4）二重否定

二重否定は否定文にさらに否定詞を用いて重ねて否定すること、否定の否定のことで、すなわちもとの肯定の意味になります。しかし単純な肯定とはニュアンスが異なります。二重否定の方がより強い語感を持ちます。

① 無不・莫不

読み：～ざルなシ

意味：～でないものはない

「不」は用言を否定する否定詞なので、その下には動詞または形容詞を伴った文が続きます。「不」から下が一つの否定文になっていて、さらにその上に「無」があって、「不」から下に示されることがらが存在しないことを表します。

所レ過《グル》無《シ》レ不《ル》二残破《セ》一。

書き下し：過ぐる所残破せざる無し。

現代語訳：通り過ぎるところ打ち壊さないことがない。

「残破」で、「打ち壊す」という意味の動詞で、その上に「不」が付いて「残破」を否定して「打ち壊さない」という意味になります。さらにその上に「無」が付いて、「無不残破」で「不残破」が存在しないことを表しています。全体をとおして、「所過残破」（過ぐる所残破す）と同じ内容を述べていますが、二重否定表現の方がより強調されます。

天下《ニ》莫《シ》レ不《ル》レ称《セ》二君之賢《ヲ》一。

書き下し：天下に君の賢を称せざる莫し。

現代語訳：世の中にあなたが立派であることを褒め称えない者はいない。

「称君之賢」で、「あなたの立派さを褒め称える」という意味の一つの文です。それを否定詞「不」で否定し、「あなたの立派さを褒め称えない」という意味になります。さらにその上に「莫」が置かれて、「不称君之賢」という状況が存在しないことを表しています。

②非不

読み：～ざルニあらズ

意味：～ないことはない

「不」以下の否定文全体を一つの体言と見なし、それ全体を「非」でさらに否定します。

地《ハ》非《ザル》レ不《ルニ》二広《ク》且《ツ》大《ナラ》一也。

書き下し：地は広く且つ大ならざるに非ざるなり。

現代語訳：地上は広くて大きくないことはない。

「広且大」で「広くて大きい」という意味の文になっています。この文の上に「不」がついて「不広且大」で「広くて大きくない」という意味の否定の文になります。さらにその上に「非」が付き、「不広且大」を一つの名詞のように考えて、これを否定します。

③ 莫非

読み：〜あらザルなシ
意味：〜でないものはない

「非」は体言を否定する否定詞なので、その下には名詞または名詞に相当する内容の文が来ます。そして「莫」によって「非」以下のことがらが存在しないことを表します。

溥天之下、莫《シ》レ非《ザル》二王土《ニ》一。
書き下し：溥天の下、王土に非ざる莫し。
現代語訳：広い天の下、王の土地でないものはない。

「王土」で「王様の土地」という意味の名詞です。それを「非」で否定し、「非王土」で「王様の土地ではない」という意味になります。さらにその上に「莫」があって、「非王土」ということが存在しない、ことを表しています。

(5) 部分否定と全部否定

部分否定は、「副詞＋動詞」の上に否定詞が置かれ、副詞と動詞を合わせた意味全体を否定します。
全部否定は、「副詞＋否定詞＋動詞」という語順になります。動詞で示される動作が否定詞によって否定され、それ全体を副詞が修飾します。

部分否定であっても全部否定であっても、意味の捉え方は次のように考えます。まず、文頭に来ている主語を除いてから、部分否定または全部否定の文のいちばん上にある文字、すなわち部分否定なら否定詞、全部否定なら副詞を取り除いた部分の意味を考えます。その上で一番上に来ている文字の意味を付け加えて、文全体の意味を理解します。

具体的に例文を見てみましょう。

古今《ノ》作者、能《クスルモノ》レ文《ヲ》不三必《ズシモ》工《ミナラ》二於詩《ニ》一。

書き下し：古今の作者、文を能くするもの必ずしも詩に工みならず。

現代語訳：昔から今までの作家で、文章が上手な人は必ずしも詩が上手だとは限らない。

「古今」は「昔から今に至るまで」という意味、「作者」は「文学や芸術の作品を創作する人」のことです。そして「能文」が「文章ができる人」の意味で、主語になっています。それに続く部分は、「不必」と否定詞が先に副詞が後にあるので、部分否定の文です。まず「不」を取り除いた部分、「必工於詩」の意味を考えます。これだけだと、「必ず詩が上手である」という意味です。これが否定詞「不」によって否定されます。したがって「必ずしも詩が上手であるとは限らない」という意味になります。

伍子胥知《レバ》二来《タレバ》必《ズ》死《スルヲ》一、必《ズ》不レ来《タラ》。

書き下し：伍子胥来たれば必ず死するを知れば、必ず来たらず。

現代語訳：伍子胥は来れば必ず死ぬと分かっていれば、必ず来ない。

この例文では「必不」と副詞「必」が上にあるので、全部否定です。まず「必」を取り除いた部分、「不来」の意味を考えます。この文だと「来ない」という意味になります。それが副詞「必」によって修飾されます。「来ない」ことが「必」、絶対に行われるわけです。したがって「絶対来ない」という意味になります。

壮士一《タビ》去《リテ》兮不㆓復《タ》還《ラ》㆒。

書き下し：壮士一たび去りて復た還らず。

現代語訳：勇士は一度立ち去ったら二度ともどって来ないのだ。

本欲《スレドモ》㆓相緩《メント》㆒、主簿復《タ》不㆑聴《カ》。

書き下し：本《もと》相緩めんと欲すれども、主簿復た聴かず。

現代語訳：本来は（縛っている縄を）緩めたいのだが、主簿殿が今度もまた聞き届けてくれないのだ。

「不復～」と「復不～」は、書き下し文にするとまったく同じ形になってしまいます。しかしもとの漢文では語順が違うのだから、当然意味も違います。

「不復」は否定詞「不」が上にあるので、部分否定です。「復不」は副詞「復」が上にあるので、全部否定です。しかし「復た～ず」の意味は、部分否定・全部否定という考え方では分かりづらいかもしれません。でも意味の捉え方は先ほどの「不必」・「必不」と同じように考えます。

「不復還」は、まず「不」を取り除いた「復還」の意味を考えます。「復還」で「また帰る」という意味です。それが否定詞「不」によって否定されます。「また」が否定されるので「二度としない」という意味になります。「不復還」で「二度と帰って来ない」という意味になります。

「復不聴」は、まず「復」を取り除いた「不聴」の意味を考えます。「不聴」で「聞かない」という意味です。それを副詞「復」が修飾しています。「不聴」（聞かない）という動作が「復」（また）行われるので、「今度もまた聞かない」という意味になります。

(6) 否定詞の連用　非～不…

読み：～ニあらザレバ…ず
意味：～でなければ…でない

非ザレバ二命世之才ニ一不ルレ能ハレ済フ也。

書き下し：命世の才に非ざれば、済《すく》ふ能はざるなり。
現代語訳：この時代に名高い才能のある人物でなければ、（この世の中を）救うことはできない。

この文は否定詞が二つ出てきていますが、二重否定ではありません。上半分は「非」が「命世之才」を否定し、下半分は「不」が「能済」を否定しています。否定文が二つ続いて、一つの文を構成しています。意味は、「命世之才」（この時代に名高い才能のある人物）でこそ「能済」（救うことができる）と、程度の高い強調になります。

2、禁止　勿・毋・無・莫

先に否定のところで見たように、存在・所有の否定は動詞「無」などを用いますが、漢文訓読では形容詞「なし」を当てて読みます。その形容詞「なし」を命令形にして「なかれ」と読むことで、禁止の意味を表します。単純な存在・所有の否定なのか、禁止なのかは、文意や前後関係から判断します。

読み：なカレ

意味：～するな

過《テバ》　則《チ》　勿《カレ》レ　憚《ルコト》レ　改《ムルニ》。

書き下し：過てば則ち改むるに憚ること勿かれ。

現代語訳：間違ったらそれを改めることを憚ってはならない。

「憚改」で「改めることを憚る」という意味で、その上に否定を表す形容詞（中国語としては動詞）の「勿」があります。ここでは禁止の意味がふさわしいので、「勿」（なし）を命令形にして「勿かれ」と読みます。

梁　掩《ヒテ》二　其《ノ》　口《ヲ》一　曰《ハク》、「毋《カレ》二　妄《リニ》　言《フコト》一、　族《セラレント》　矣。」

書き下し：梁其の口を掩ひて曰はく、「妄りに言ふこと毋《な》かれ。族せられん。」と。

現代語訳：項梁はその（項羽の）口を覆って言った。「みだりに言うな。一族滅ぼされるぞ。」

「妄言」で「みだりに言う」という意味で、その上に「毋」があります。この「毋」も「なし」という意味ですが、ここでは命令形にして「毋かれ」と読み、禁止の意味で理解します。

君 有《リテ》二急 病一見《ハル》二於 面《ニ》一、莫《カレ》二多《ク》飲《ムコト》レ酒《ヲ》。

書き下し：君急病有りて面に見《あら》はる、多く酒を飲むこと莫《な》かれ。

現代語訳：あなたは急病があって顔に表れている。酒をたくさん飲んではならない。

「多飲酒」で「たくさんお酒を飲む」という意味で、その上に「莫」があります。「莫」も「なし」という意味ですが、ここでは「莫かれ」と命令形で読んで、「たくさんお酒を飲んではならない」と禁止の意味で理解します。

3、可能

(1) 能力がある　能

読み：よク（打ち消しの助動詞「ず」（不・未）が続く場合、「あたハズ」）

意味：できる。

「能」は助動詞なので、動詞の上に置かれます。訓読では動詞を読む前に「よく」と読みます。

以《テ》レ善《ヲ》養《ヒ》レ人《ヲ》、然《ル》後《ニ》能《ク》服《ス》二天下《ヲ》一。

書き下し：善を以て人を養ひ、然る後に能く天下を服す。
現代語訳：善の行いをすることで人民を養い、それから後に天下を心服させることができる。

郭子玄有《リ》二俊才一、能《ク》言《フ》二老荘《ヲ》一。
書き下し：郭子玄俊才有り、能く老荘を言ふ。
現代語訳：郭子玄には優れた才能があり、老荘思想を話すことができる。

否定文で「能」の上に「不」や「未」がある場合、読み方が変わります。動詞の後に読んで、読み方も「あたはず」となります。

秦之不《ルモ》レ能《ハ》レ害《スル》レ燕《ヲ》亦《タ》明《ラカナリ》矣。
書き下し：秦の燕を害する能はざるも亦た明らかなり。
現代語訳：秦国が燕国を害することができないのも、また明らかである。

動詞「害」の上に可能を表す助動詞「能」があります。「能害」であれば、「能《よ》く害す」と読むところです。しかしこの例文では、「能」の上に否定詞「不」があるので、読み方が変わります。「不能害」で「害する能《あた》はず」と読みます。

（2）状況で許される　可・可以・得

読み：ベシ、もっテ〜ベシ、〜ヲう

意味：できる

「可」は「よろしい、許される」という意味があります。また「得」は本来「手に入れる」という意味です。本来、「可」・「可以」は条件などがそろって許されることでできる、「得」は状況を手に入れられる、というニュアンスがあります。したがって厳密に言えば、同じ可能でも「能」とは少しニュアンスが異なります。しかし実際はほぼ同じような意味で用いられます。

人之性、善《ハ》可《ク》二変《ジテ》為《ル》レ悪《ト》、悪《ハ》可《シ》二変《ジテ》為《ル》レ善《ト》。

書き下し：人の性、善は変じて悪と為るべく、悪は変じて善と為るべし。

現代語訳：人間の本性は、善は変化して悪になることができるし、悪は変化して善になることができる。

「可」一文字で一つの助動詞です。助動詞なので、漢文では動詞のすぐ上（この例文では「変」と「為」二つの動詞の上）にあります。訓読する時は、動詞を読んでから、その後に読みます。

其《ノ》病即《チ》差《エ》、可《シ》二以《テ》延《バス》レ寿《ヲ》。

書き下し：其の病即ち差《い》え、以て寿を延ばすべし。

現代語訳：その病気が治ると、寿命を延ばすことができる。

「可以」二文字で一つの助動詞であり、「できる」という意味になります。しかし訓読では、「もって〜べし」と、「以」と「可」を分けて読みます。「可以延寿」は、まず「以」を「もって」と読み、次にその下の動詞句「延寿」を「寿を延ばす」と読んで、その次に「可」を「べし」と読みます。現代語訳をする時は、「可」と「以」を分ける必要はありません。この例文では、「延寿」を「寿命を延ばす」と訳し、「可以」を「できる」と訳して、これらをとおして「寿命を延ばすことができる」とします。

人以《テ》レ車《ヲ》載《セ》レ之《ヲ》、得レ免《ルルヲ》。

書き下し：人車を以て之を載せ、免るるを得。

現代語訳：その人は車にそれを載せ、逃れることができた。

この例文では、「得」が可能を表す助動詞として「免」の上に置かれています。「免」（まぬがれる）ことを「得」（手に入れる）ということから、「逃れることができる」という意味に理解します。

4、疑問

（1）疑問詞「何」　事物・場所を問う、状態を問う、原因・理由を問う

読み：なに、なんゾ

意味：なぜ、どうして、なに

「何」は最も一般的な疑問詞で、さまざまなことがらを尋ねることができます。

孟 嘗 君 曰《ハク》、「客 何《ヲカ》 好《ムト》。」

書き下し：孟嘗君曰はく、「客何をか好む。」と。

現代語訳：孟嘗君が言った。「あなたは何を好みますか。」

「何」の用法の中でも、いちばん基本的な意味です。物事を尋ねます。この場合は「なに」と読みます。

夫 子 何《ゾ》 哂《フ》レ 由《ヲ》 也。

書き下し：夫子何ぞ由を哂《わら》ふや。

現代語訳：先生はどうして私（子路）をお笑いになるのですか。

「由」は孔子の弟子の子路のことです。理由を尋ねる場合は、「なんぞ」と読みます。ここの「也」字は断定の意味ではありません。この文は疑問文なので、「也」字も疑問の意味を表します。この場合「や」と読みます。

吾《ノ》 所三 以《ノ》 有《スル》二 天 下《ヲ》一 者《ハ》 何《ゾヤ》。

書き下し：吾の天下を有する所以の者は何ぞや。

現代語訳：私が天下を手に入れた理由は何であろうか。

この例も理由を尋ねる意味です。文末に置いて、「何」字の上に書かれていることの理由を尋ねます。この場合は疑問の終助詞「や」を付けて、「なんぞや」と読みます。

或《ヒト》問《ヒテ》二於孔子一《ニ》曰《ハク》、「顔淵《ハ》何人也《ヤト》。」曰《ハク》、「仁人也《ト》。」

書き下し：或ひと孔子に問ひて曰はく、「顔淵は何人なるや。」と。曰はく、「仁人なり。」と。

現代語訳：ある人が孔子に尋ねて言った。「顔淵はどのような人ですか。」（孔子が）言った。「仁の心を持つ人です。」

「顔淵」は孔子の高弟の一人の名前です。「何」は状態や様子を尋ねることもできます。「何人」でその人の状態や様子、人柄を尋ねます。次項の「誰」がその人そのものを尋ねるのとは意味が異なります。なお「顔淵何人也」の「也」は疑問文の中に出てくるので疑問を表し、「や」と読みます。「仁人也」の「也」は断定の意味なので、「なり」と読みます。

⑵ 人物を問う　誰

読み：たれ、たれカ

意味：だれ

人物そのものを尋ねる疑問詞です。

誰《カ》能《ク》代《ハリテ》レ卿《ニ》為《メニ》レ我《ノ》謀《ル》者《ゾ》。

書き下し：誰か能く卿に代はりて我の為に謀る者ぞ。
現代語訳：誰があなたに代わって私のために策略を考えることができるのか。

「誰」が「能く卿に代はりて我の為めに謀る者」なのか、その人物（の名前）を尋ねています。前項の「何人」がある特定人物の様子や人柄を尋ねているのとは異なっています。

桀　溺　曰《ハク》、「子　為《スト》レ　誰《カト》。」

書き下し：桀溺曰はく、「子誰かと為す。」と。
現代語訳：桀溺が言った。「あなたは誰ですか。」

この例文も「誰」という疑問詞を用いて、「あなた」の名前を尋ねています。

（3）選択を問う　孰

読み：いづレ
意味：どちらが

二つの選択肢を挙げて、そのどちらなのかを尋ねる意味です。

女　与《ト》レ　回　也　孰《レカ》　愈《レル》。

書き下し：女《なんぢ》と回とや孰れか愈《まさ》れる。

現代語訳：あなたと顔回とではどちらが優れているのですか。

「女」はここでは二人称代名詞です。「回」は、先に出てきた、孔子の高弟顔淵のことです。「顔回」とも呼びます。「あなた」と「顔回」という二つの選択肢を挙げて、そのどちらが優れているのかを尋ねています。

礼ト与レ食　孰レカ重キ。

書き下し：礼と食と孰れか重き。

現代語訳：礼と食とどちらが重要なのですか。

「礼」は「人間として当然行うべき道理」のこと、「食」は「食べること」です。「礼」と「食」の二つの選択肢を挙げて、そのどちらが重要かを尋ねている文です。なお書き下し文では「孰れか」と係助詞「か」があるので、係り結びの法則に従い、文末は「重き」と連体形になります。

(4) 場所・理由を問う　安

読み：いづクニカ（場所を問う）、いづクンゾ（理由を問う）

意味：どこに、どうして

「安」という字には、疑問詞としての用法があります。場所を尋ねたり理由を尋ねたりする場合に用いられます。意味によって読み方が変わります。

卿ノ母ハ安クニカ在ル。

書き下し：卿の母は安くにか在る。

現代語訳：あなたのお母さんはどこにいるのですか。

「在」は存在を表す動詞なので、ここの「安」は場所を尋ねる意味です。この場合は「いづくにか」と読み、現代語訳は「どこに」となります。

君安クンゾ与二項伯一有ルレ故。

書き下し：君安くんぞ項伯と故有る。

現代語訳：あなたはどうして項伯と昔からの付き合いがあるのですか。

「項伯と故有る」理由を尋ねている文章です。この場合は「いづくんぞ」と読み、現代語訳は「どうして」となります。

(5) 性質や状態を問う　何如・何若

読み：いかん

意味：どのような

「何如」あるいは「何若」二文字で一つの意味を表す疑問詞です。読み方も「何如」や「何若」の二文字を合わせて「いかん」と読みます。また次項の「方法や処置を問う」疑問詞とは文字の並びが異なっていて、それによって区別します。漢字の並びに注意してください。

顔淵之為《リ》レ人《ト》也何若。

書き下し：顔淵の人《ひと》と為《な》りや何若《いかん》。

現代語訳：顔淵のひとがらはどのようであるか。

「為人」で「ひとがら」の意味で、訓読では「人と為り」と読みます。一つの名詞なのに返り点の付く珍しい語です。この文は顔淵のひとがらを尋ねています。

孔子《ハ》何如《ナル》人《ナル》哉。

書き下し：孔子は何如《いか》なるひとなるや。

現代語訳：孔子はどのような人なのですか。

孔子の人柄や様子を尋ねています。「何如」の下にさらに「人」という名詞があるため、「何如」の読み「いかん」に断定の助動詞「なり」を補います。この時読み習わしで「いかなる」と読みます。

(6) 方法や処置を問う　如何・若何・奈何

読み：いかんセン

意味：どのようにするのか

対処の方法を尋ねる疑問詞です。前項の性質や状態を尋ねる疑問詞とよく似ていますが、字の並びが違うことに注意してください。また読み方も「いかんせん」と「せん」という送り仮名（サ変動詞「す」の未然形と意志の助動詞「む（ん）」）が付きます。

吾 欲《スルモ》レ 討《タント》レ 之《ヲ》、力 不レ 敵《ハ》、如 何《セン》。

書き下し：吾之を討たんと欲するも、力敵《かな》はず、如何せん。

現代語訳：私はこれを討ちたいのだが、力はかなわない、どうしようか。

今 紹 方《ニ》 来《タルニ》 而 棄《テテ》レ 之《ヲ》 東《シテ》、紹 乗《ゼバ》二 人《ノ》 後《ニ》一、若 何《セン》。

書き下し：今紹方《まさ》に来たるに之を棄てて東して、紹人の後に乗ぜば、若何せん。

現代語訳：今袁紹が攻めて来ようとしているのに、これを捨て去って東に行こうとして、袁紹がその後を攻めるならばどのようにするのか。

「如何」も「若何」も訓読では読み方は同じです。どちらの例文も「どのように処置しようか」という意味で使われています。

事 已《ニ》 如《シ》レ 此《クノ》、無《シ》レ 可《キ》二 奈 何《トモスル》一。

書き下し：事已に此くのごとし、奈何ともするべき無し。

現代語訳：事がもはやこのようになったら、どうすることもできない。

疑問詞ではありますが、不定詞として「どうにかする」という意味にも用いられます。

疑問詞「如何」（若何・奈何）は目的語を取ることができます。しかし一般的な動詞の目的語とは語順（位置）が異なります。「如何」が目的語を取るときは、その目的語は「如（若）・（奈）」字と「何」字の間に入ります。

匡人其レ如レ予ヲ何セン。

書き下し：匡人其れ予を如何《いかん》せん。

現代語訳：匡の国の人は私をどのように（処置）することができようか。

「匡」は国の名前、「予」は一人称代名詞で「わたし」の意味です。「如何」という疑問詞の目的語として「予」があり、「私をどのようにするのか」という意味です。目的語である「予」が疑問詞「如何」の「如」字と「何」字の間に入っています。訓読する時は、目的語の「予」から「如」字に返り、さらに「何」と一緒になって、「如何」を「いかん」と読み、送り仮名に「せん」と付けます。

（7）文末に置かれる疑問の助字　乎・邪・与

読み：や、か

意味：か

疑問詞はなくても、疑問を表す助字「乎」・「邪」・「与」を文末に置くことによって、疑問文を作ることができます。

秦之攻ムルレ王ヲ也、王知ルニ其ノ故ヲ一乎。

書き下し：秦の王を攻むるや、王其の故を知るか。

現代語訳：秦が王を攻めようとしているが、王はその理由を知っていますか。

沛公誠ニ欲スルレ倍カントニ項羽ニ一邪。

書き下し：沛公《はいこう》誠に項羽に倍《そむ》かんと欲するか。

現代語訳：沛公は本当に項羽に背こうとしているのですか。

是レ魯ノ孔丘与。

書き下し：是れ魯の孔丘か。

現代語訳：これは魯の国の孔丘ですか。

いずれの文にも疑問詞はありませんが、文末に疑問を表す助字「乎」・「邪」・「与」があることによって、疑問文となります。

5、反語

反語とは、本来述べようとすることと逆の言葉で表現して、否定・風刺・嘲弄などさまざまな感情を強く表現する表現技法のことです。疑問の形を取ることが多いのですが、訓読では疑問の意味の時と少し読み方が異なります。

(1) 反語を示す助字「豈」

読み：あニ

意味：どうして〜であろうか、（いや〜ではない）

「豈」は主に反語に用いられる助字です。訓読した時の文末は、「〜んや」となります。

豈ニ 可ケンヤ二 与ニ 論ズレ 詩ヲ。

書き下し：豈に与《とも》に詩を論ずるべけんや。

現代語訳：どうして一緒に詩を議論することができようか。（議論することはできない。）

「可与論詩」だけなら、「一緒に詩について議論することができる」という意味になります。「可与論詩」の前に「豈」字が付いて反語になります。この文には否定詞はありませんが、「一緒に詩について論じることはできない」という意味を、強く表現するニュアンスを持ちます。これが「反語」です。

「豈」は文末に「哉」・「耶」・「也」と呼応することが多いです。この場合、これら文末の助字を「や」と読みます。

家室怨曠、百姓流離シ、而シテ仁者豈ニ楽マンレ之ヲ哉。

書き下し：家室怨曠《えんくわう》、百姓流離し、而して仁者豈に之を楽しまんや。

現代語訳：家庭では男女が婚姻できず、人民たちは居所を失いさまよっているのに、仁者はどうして楽しむことができようか。（楽しむことはできない。）

「楽之」という動詞句の上に「豈」字があります。これだけでも反語の意味を表すことはできるのですが、この文ではさらに「豈」字が文末の「哉」字と呼応して、合わせて反語の意味を表しています。

（2）疑問詞を用いる反語　何・誰・安

疑問詞として用いられる「何」・「誰」・「安」などは、反語を表す語としても用いられます。疑問の意味になるのか反語の意味になるのかは、文脈や前後関係によります。

賜也、何ゾ敢ヘテ望マンレ回ヲ。

書き下し：賜や、何ぞ敢へて回を望まん。

現代語訳：私（子貢）は、どうして顔回と同じ力量を望みましょうか。（望まない。）

「何」は事物・状況・原因・理由などを問う疑問詞です。それが反語を表す語としても用いられます。その場合、やはり事物・状況・原因・理由などについての意味を表す反語になります。

この例文では、「賜」（孔子の弟子の子貢）が「回」（孔子の高弟の顔回）と同じ力量をどうして望むだろうか、望みはしない、という原因・理由について述べる反語になっています。

今年花落《チテ》顔色改《マリ》、明年花開《キテ》復《タ》誰《カ》在《ル》。

書き下し：今年花落ちて顔色改まり、明年花開きて復た誰か在る。

現代語訳：今年花が散ってしまうと花を見る人の顔色も変わってしまい、次の年花が開く頃にはまた誰が同じようにいられようか。（誰も変わることなくいられない。）

「誰」は人物について尋ねる疑問詞です。反語で用いられる場合も、人物について述べる意味で使われます。この例文では、誰が（来年も同じように）いられるだろうか、誰もいることはできないと、人物について述べる反語となっています。

燕雀安《クンゾ》知《ラン》二鴻鵠之志《ヲ》一哉。

書き下し：燕雀安くんぞ鴻鵠の志を知らんや。

現代語訳：燕や雀のような小さな鳥は、どうして鴻や鵠のような大きな鳥の志が分かるだろうか。（分かりはしない。）

「安」は場所・理由を尋ねる疑問詞です。場所を尋ねる時は「いづくにか」と読み、理由を尋ねる時は「いづくんぞ」と読みます。「安」が反語を表す時も、この読み方を踏襲し、場所に関する反語の時は「いづくにか」と読み、理由についての反語の時は「いづくんぞ」と読みます。

この例文では、「燕雀」、ツバメやスズメのような小さな鳥がどうして「鴻鵠」オオトリやクグイのような大きな鳥の志を理解することができるだろうか、理解できはしない、という、理由について述べる反語を表す言葉として「安」が用いられています。したがってこの「安」は「いづくんぞ」と読みます。また文末も「知らんや」と「んや」で終わっているところも、反語の特徴です。

釃《ミテ》レ酒《ヲ》臨《ミ》レ江《ニ》、横《タヘテ》レ槊《ヲ》賦《ス》レ詩《ヲ》、固《ニ》一世之雄也。而《シテ》今安《クニカ》在《ラン》哉。

書き下し：酒を釃《く》みて江に臨み、槊《ほこ》を横たへて詩を賦す、固《まこと》に一世の雄なり。而して今安くにか在らんや。

現代語訳：酒を酌んで長江に臨み、槊を横たえて詩を賦す、本当に一世一代の英雄である。しかし今（その英雄＝曹操）はどこにいるのか。（どこにもいない。）

この例文では、曹操のような英雄は、今いったいどこにいるのだろうか、どこにもいない、という、場所について述べる反語を表す言葉として「安」が用いられています。したがって「安」は「いづくにか」と読みます。文末も「在らんや」と「んや」で終わっています。

6、使役

(1) 使役を示す助字　使・令・教

誰かに対して何かの行為をさせることを「使役」と言います。使役構文の基本は、使役を示す助字を用います。そ

して訓読する時の読みとして、使役の助動詞「しむ」を当てます。語順は、

主語（させる人）＋使役の助字＋使役の対象（させられる人・物）＋動詞句

となります。また訓読する時には、使役の対象に「をして」という送り仮名を送るのも、使役構文の決まりです。

項王使ム三都尉ノ陳平ヲシテ召サ二沛公ヲ一。

書き下し：項王都尉の陳平をして沛公を召さしむ。

現代語訳：項王は都尉の陳平に沛公を召し出させた。

主語が「項王」（＝項羽）で、「項王」が動作・行為をさせる人です。次に「使」という使役の助字があります。その次に「都尉陳平」（「都尉」は官職名）という人物名があり、これが動作・行為をさせられる人、すなわち実際の動作行為を行う人です。「召沛公」がこの文の動詞句です。全体で主語である「項王」が、「都尉の陳平」に「沛公を召す」という行為をさせるという意味になります。訓読では、使役の対象である「都尉陳平」に「をして」という送り仮名が付けられています。

張松令ム三法正ヲシテ白セ二先主ニ一。

書き下し：張松法正をして先主に白《まう》せしむ。

現代語訳：張松は法正に先主（劉備）へ申し上げさせた。

「張松」が主語で動作行為をさせる人、「令」が使役の助字、「法正」が人名で、動作行為をさせられる人、「白」は「申し上げる」という意味の動詞で、「白先主」がこの文の動詞句です。主語の「張松」が「法正」に「先主に白す」という行為をさせるという意味です。訓読では、ここでも使役の対象である「法正」に「をして」という送り仮名が付いています。

遂ニ教ム二方士ヲシテ慇懃ニ覓メ一。

書き下し：遂に方士をして慇懃に覓《もと》めしむ。
現代語訳：そうして方士に丁重に探させることにした。

「教」が使役の助字、「慇懃」は「丁重に、ねんごろに」という意味の副詞で、動詞「覓」を修飾しています。使役の対象は「方士」なので、ここに「をして」という送り仮名が付けられています。
使役の対象が省略されて、使役の助字が動詞のすぐ上に置かれることもあります。

民可シレ使ムレ由ラレ之ニ、不レ可カラレ使ムレ知ラレ之ヲ。

書き下し：民は之に由らしむべし、之を知らしむべからず。
現代語訳：人民は（聖人の教えに）寄り添わせることはできるが、理解させることはできない。

この例文では、使役の対象である「民」がすぐ上に出てきていて明らかであるため、使役の対象である「民」が省略されて、動詞「由」・「知」のすぐ上に使役の助字「使」が置かれています。

（2）派遣を示す「遣」

「遣」字はもともと「人を送り出す」という意味の動詞で、「派遣」の「遣」です。この字の下に人物を示す語が目的語として続き、さらにその下に動詞句が続いて、兼語文（「第六章2基本文法（6）一文に動詞が二つある文③兼語文」を参照）の構文を取ります。この構文の時は、「誰かを派遣して、その人に何かをさせる」という意味になります。したがって訓読する時は、「遣」を「つかはして」と読み、下に出てくる動詞句の動詞に使役の助動詞を補って読むことが一般的です。

楚 遣《ハシテ》二 将 軍 景 陽《ヲ》一 救《ハシム》レ 趙《ヲ》。

書き下し：楚将軍景陽を遣はして趙を救はしむ。

現代語訳：楚の国は将軍の景陽を派遣して趙の国を助けさせた。

「楚」は国の名前で、この例文では主語になっています。「遣」が「つかわす、派遣する」の意味の動詞、「将軍景陽」がその目的語、「救趙」が動詞句で、その主語は「将軍景陽」です。すなわち「将軍景陽」が動詞「遣」の目的語となると同時に、動詞「救」の主語となっている兼語文です。楚の国が将軍の景陽を派遣して趙の国を助けさせるという意味なので、訓読する時には「救」字に使役の助動詞を補って、「救はしむ」と読みます。

曹 公 遣《ハシテ》二 劉 岱・王 忠《ヲ》一 撃《タシム》レ 之《ヲ》。

書き下し：曹公劉岱・王忠を遣はして之を撃たしむ。

現代語訳：曹操は劉岱と王忠を派遣してこれを撃たせた。

「曹公」(＝曹操)が主語、「遣」が動詞、「劉岱」・「王忠」がそれぞれ人名で、動詞「遣」の目的語となっています。それと同時に「劉岱・王忠」という二人の人名が「撃」という動詞の主語となっており、兼語文の構文です。主語の「曹公」が「劉岱・王忠」の二人を派遣して攻撃させる、という意味なので、二つ目の動詞「撃」の読みに使役の助動詞を補って、「撃たしむ」と読みます。

この二つの例文に出てくる「遣」を使役を表す助字のように考えて、通常の使役の構文と同様に、「楚将軍景陽をして趙を救はしむ」・「曹公劉岱・王忠をして之を撃たしむ」と読むことも可能です。その場合でも、「使」・「令」・「教」など一般的な使役の助字と異なり、「つかわす、派遣する」というニュアンスを持ちます。

(3) 命令を示す助字　命

「命」は「命令する」・「お願いする」という意味を持つ動詞です。前項の「遣」と同様に、人を表す言葉が目的語となって、さらにその下に動詞句が続いて、兼語文の構文を取ります。「命」字の意味から、「命令する」「お願いする」というニュアンスが出てきます。誰かに命令したりお願いしたりする時は、通常は何かの行為をしてもらう、つまり何かの行為をさせることになります。したがって二つ目の動詞に使役の助動詞を補って訓読します。

士人聞《キ》二講書《ノ》声《ヲ》一、命《ジテ》レ僕《ニ》尋《ネシム》レ之《ヲ》。

書き下し：士人講書の声を聞き、僕に命じて之を尋ねしむ。

現代語訳：士人は本を読む声を聞いて、召使いに命じてその様子を尋ねさせた。

「士人」が動詞「聞」と「命」それぞれの主語になっています。主語の「士人」が「僕」(召使い)に命令して、「僕」

が「之」（これ＝本を読む声のもと）を尋ねるという意味です。「僕」が動詞「命」の目的語となると同時に動詞「尋」の主語になっている兼語文の構文なので、訓読ではひと工夫して、「尋」の読みに使役の助動詞を補います。

聊カ命ジテ㆓故人ニ㆒書カシム㆑之ヲ。

書き下し：聊《いささ》か故人に命じて之を書かしむ。

現代語訳：しばらく友人にお願いしてそれを書いてもらった。

この文の主語は省略されています。主語に当たる人物（ここでは「わたし」）が「故人」（友人）にお願いして、「故人」が「之」（これ＝主語の「わたし」が作った詩文）を清書する、という意味で、「故人」が動詞「命」の目的語となると同時に、動詞「書」の主語となっている兼語文の構文です。動詞「書」の読みに使役の助動詞を補います。

なお「故人」という語は、「昔からの親しい友人」の意味です。「亡くなった人」というのは日本語独自の意味で、漢文ではこの意味では出てきません。

(4) 意味の上から使役となる場合

使役を示す助字は用いられていないけれども、意味の上から使役になる場合があります。その場合訓読する時には動詞に使役の助動詞を補います。

管仲以テ㆓其ノ君ヲ㆒覇タラシム。

書き下し：管仲《かんちゅう》其の君を以て覇たらしむ。

現代語訳：管仲はその君を諸侯の長とさせた。

この文では「覇」字が動詞です。管仲は春秋時代の斉の国の宰相（大臣）で、桓公《かんこう》に仕えた人物です。この例文だけでは分かりづらいですが、管仲が桓公を諸侯の長にさせるのであって、管仲自身が諸侯の長になるわけではありません。したがって文意から使役の意味になります。この文には使役を示す助字はありませんが、「覇」字に使役の助動詞を補って訓読します。

有リ二洛陽ノ人蘇秦一、往キテ説キテ二燕ノ文侯一ニ与レ趙従親セシム。

書き下し：洛陽の人蘇秦有り、往きて燕の文侯に説きて趙と従親《しょうしん》せしむ。

現代語訳：洛陽出身の蘇秦という人物は、出かけて行って燕の文侯に説いて趙国と南北に同盟を結ばせた。

この文の後半、「往説燕文侯与趙従親」の主語は、前半に名前の出てきている「蘇秦」です。蘇秦は戦国時代中国各地を遊説して回って、韓・魏・趙・燕・楚・斉の六ヵ国に同盟を結ばせた人物です。この文は、蘇秦が燕の国に行って、燕の文侯に趙の国と同盟を結ばせる、という意味です。蘇秦が同盟を結ぶわけではありません。文意から動詞「従親」に使役の意味が出てくるので、訓読する時に使役の助動詞を補って読みます。

7、受身（受動）

（1）受け身を示す助字　被・見

受身（受動）の基本構文は、受身を表す助字を用います。受身をあらわす助字には、「見」・「被」があります。これらは必ず動詞のすぐ上に置かれて、受身の意味を表します。そして訓読する時は、受身の助動詞「る」・「らる」を当てます。

信《ニシテ》而見レ疑《ハ》、忠《ニシテ》而被レ謗《ラ》、能《ク》無《カラン》レ怨《ミ》乎。

書き下し：信にして疑はれ、忠にして謗《そし》らる、能く怨み無からんか。
現代語訳：誠実でありながら疑われ、忠実でありながら悪口を言われる。怨みがないでいられようか。

動詞「疑」のすぐ上に受身を表す助字「見」が、「謗」のすぐ上に「被」が置かれている典型的な受身の構文です。「見」・「被」いずれも受身の助動詞「る」を当てて読みます。受身の助動詞「る」は活用するので、この例文では「見疑」はさらに下の文に続くため、「見」の読みとなる受身の助動詞「る」は連用形「れ」となります。

人皆以《テ》レ見《ルヲ》レ侮《ラ》為《ス》レ辱《メト》。

書き下し：人皆侮らるるを以て辱めと為す。
現代語訳：人間はみな侮られることを恥ずかしいことだとする。

動詞「侮」のすぐ上に受身の助字「見」があります。ここは「見侮」のすぐ上に「以」があって、「見侮」で「あなどられること」という名詞的な意味になります。そのため「見」の読みは、受身の助動詞「る」の連体形の「るる」となります。「るる」の上の「る」を漢字の読みに当て、下の「る」を送り仮名とするのが一般的です。

黄 巣 敗レテ 被ルレ 誅セ。

書き下し：黄巣敗れて誅せらる。

現代語訳：黄巣は敗れて誅殺された。

「黄巣」は、唐代末期に反乱を起こした盗賊の名前です。動詞「誅」のすぐ上に受身の助字「被」が置かれています。動詞「誅」は「ちゅうす」とサ行変格活用「す」を付けて読むので、日本古典文法の接続の関係で、それに続く受身の助動詞は「らる」になります。受身の助字「見」・「被」を「らる」で読む時は、「らる」の「ら」を漢字の読みに当て、「る」を送り仮名とします。この例文では「誅」で一文が終わっているので、「被」の読みは「らる」と終止形になります。下に続く語によっては活用することもあるので、注意しましょう。

(2) 受身を示す構文　為～所…

読み：～ノ…ところトなル

意味：～によって…された

受身の助字を用いて受身を表す以外にも、「為」字と「所」字を用いて受身を表す典型的な構文があります。

主語（＝される人）＋為＋人・物（＝動作をする人・物）＋所＋動詞句

という構文になります。主語が動作をされる人になります。「為」字の下に人や物を表す言葉が置かれ、これが主語に対して何かの動作をする人・物です。その下に「所」字があり、さらにその下に動詞句が続きます。

曹公遣《ハシテ》二夏侯惇《ヲ》一往《カシメ》、不レ能《ハ》レ救《フ》、為《ル》二順《ノ》所《ト》レ敗《ル》。

書き下し：曹公夏侯惇を遣はして往かしめ、救ふ能はず、順の敗る所と為る。

現代語訳：曹公は夏侯惇を行かせたが、救うことができず、高順によって負かされた。

曹公（＝曹操）が主語で、動作をされる人になります。例文の終わり、「為順所敗」が受身の構文になっています。「所」字の下の「順」（＝高順、人名）が主語「曹公」に対して動作をする人です。「所」字の下に動詞「敗」（負かす）があり、これがこの文で示される動作行為です。主語「曹公」が「順」によって「敗」、負かされる、という意味になります。

関羽為《ル》二曹公《ノ》所《ト》レ獲《フル》。

書き下し：関羽曹公の獲ふる所と為る。

現代語訳：関羽は曹操によって捕らえられた。

文頭の「関羽」が主語で、動作をされる人になります。「為」字の下の「曹公」が動作をする人、「所」字の下の

「獲」（捕らえる）がこの文で示される動作行為です。主語の「関羽」が「曹公」によって「獲」、捕らえられる、という意味になります。

建康ノ小吏ノ曹著、為リ二廬山ノ使ノ所レト迎フル、配スルニ以テス二女婉ヲ一。

書き下し：建康の小吏の曹著、廬山の使の迎ふる所と為り、配するに女婉《じょえん》を以てす。

現代語訳：建康の小役人である曹著は、廬山の使いによって迎えられ、若い女性を娶《めと》ることになった。

「建康」は地名、今の南京のことです。「廬山」は現在の江西省九江市にある山の名前で、古来宗教的聖山とされる山の一つです。この文では「建康小吏曹著」（建康の下級役人である曹著）が主語です。「為」字の下の「廬山使」（廬山からやってきた使い）が主語に対して動作行為をする人、「所」字の下の「迎」がこの文で示される動作行為です。主語の「建康小吏曹著」が「廬山使」によって「迎」迎えられる、という意味になります。

この構文の場合、もう一つ別の訓読のしかたがあります。

関羽為メニ二曹公ノ一所ルレ獲ヘ。

書き下し：関羽曹操の為に獲へらる。

このように訓読しても、意味は同じです。「所」字に受身の助動詞「る」を当てて訓読すると、日本語として分かりやすい読み方になります。でもあまり一般的ではありません。

「為」字は日本漢字音（音読み、漢音）では「イ」という読み方一つしかありません。一方中国語では二つの読み方があります。すなわち、現代中国語では「wéi」（第二声）と「wèi」（第四声）、古典中国語では平声《へいせい》音と去声《きよせい》音で、声調（一音節の中における音の高い低いの変化。古典中国語では、平声・上声《じようせい》・去声・入声《につしよう》の四つがある）が異なる二つの読み方があります。そして発音の違いによって、意味が異なります。「為」の中国語での読み方が現代語の第二声、古典語の平声の時は「なす・する」という意味、現代語の第四声、古典語の去声の時は「ために」という意味になります。中国語では発音の違いによる意味の違いは、厳密に区別されます。

さて「関羽為曹公所獲」という受身の構文の場合、中国語では「為」字は現代語では第二声「wéi」、古典語では平声で読まれます。すなわち「なす・する」の意味の発音で読まれるのです。この本来の中国語の発音に従うと、「関羽為曹公所獲」の「為」字は「ために」という意味ではないことになります。そうすると、訓読でも「為」字を「ために」とは読むことができません。したがって「関羽為曹公所獲」の書き下し文は、「関羽曹公の獲ふ所と為る」とするのが一般的なのです。

（3）意味の上から受け身となる場合

受身を表す助字がなかったり受身の構文を取っていなかったりしても、意味の上から受身で読んだ方がいい場合があります。その場合は、動詞に受身の助動詞「る」・「らる」を補って訓読します。

聞道《ラク》将軍破《ルモ》二海門《ヲ》一、如何《ゾ》遠《ク》謫《セラレテ》渡《ル》二湘沅《ヲ》一。

書き下し：聞道《きくな》らく将軍海門を破るも、如何《いかん》ぞ遠く謫《たく》せられて湘沅《しやうぐゑん》を渡る。

現代語訳：聞いたところによると将軍は海門を破ったそうだが、どうして遠く追放されて湘水・沅水（川の名前）を渡ってきたのか。

「聞道」は詩などでよく用いられる決まり文句で、「きくならく」と読んで、「聞いたところによると」という意味です。さてこの文には「見」・「被」のような受身をあらわす助字は用いられていません。また「為～所…」のような受身の構文は用いられていません。そして「謫」という字自体は「追放する」という意味を持った字です。この文の意味は、主語である「将軍」が「海門を破る」という功績を上げながら「謫」という動作をしている、となります。「謫」字の意味のとおりに理解すると、「将軍が追放する」と少々奇妙な意味になります。「謫」字に受身の意味を付け加えると、「将軍は功績があったのに追放された」となって、分かりやすくなります。このように意味の上から受身で理解した方がいい場合には、訓読する時に受身の助動詞を補って読みます。

柳子以テレ罪ヲ貶セラル二永州ニ一。

書き下し：柳子罪を以て永州に貶《へむ》せらる。

現代語訳：柳宗元は罪を得たことによって永州に追放された。

「柳子」は人名、ここでは中唐時代の文章作家である柳宗元のことです。「貶」は「官位を下げる」という意味ですが、ここではすぐ下に「永州」（現在の湖南省南部の地域）という地名があるので、「左遷する、流罪にする」という意味がいいでしょう。柳宗元は「以罪」罪を得たことによって「貶」左遷されるのであって、柳宗元が誰かを左遷するのではありません。文意から「貶」字の読みに受身の助動詞を補って読みます。

蘇秦游説シテ二秦ノ恵王ニ一不レ用ヰラレ。

書き下し：蘇秦秦の恵王に游説《いうぜい》して用ゐられず。

現代語訳：蘇秦は秦の恵王に遊説したけれども、（その考えは）用いられなかった。

文頭の「蘇秦」が主語、「游説」は「遊説」と同じで、これが動詞、「秦恵王」が動詞「游説」の目的語です。そして「不」は否定詞、「用」がこの文の二つ目の動詞で、「用」の主語は「秦恵王」です。すなわち、「秦恵王」が動詞「游説」の目的語となると同時に、動詞「用」の主語になっている兼語文の構文です。蘇秦が秦の恵王に遊説し、秦の恵王は蘇秦の考えを用いない、という意味の文です。主語の「蘇秦」からすると、自分の考えが秦の恵王によって用いられない、ということになるので、この文では動詞「用」の読みに受身の助動詞を補います。

(4)「見」の特殊用法

「見」には、主語で示された人が発話者（自分）に対して何かの動作をする、ということを表す意味があります。まず次の文を見てみましょう。句点文と現代語訳のみ挙げます。

家叔以余貧苦、遂見用於小邑。

現代語訳：叔父は私が貧しい暮らしをしていることで、私を小さな村の役人として用いてくれた。

繊手折其枝、花落何飄颻。請謝彼姝子、何為見損傷。

現代語訳：女性の細い手でその（桃の花の）枝を折ると、花びらが散り風に翻る。お嬢さんにお尋ねします、どうして花を傷つけるのか。

最初の例では動詞「用」のすぐ上に「見」字が付いていて、形の上では受身と全く同じです。しかし主語「家叔」が発話者（「余」、すなわち自分、ここでは陶淵明）を「（役人として）用いる」のであって、主語の「家叔」が「用いられる」のではありません。「家叔」が発話者に対して「用」という動作を行うという意味です。すなわち受身の意味ではありません。二つ目の例文の後半二句は、「花」を擬人化し、「花」が「妹子《しゅし》」へ話しかけている内容です。動詞「損傷」のすぐ上に「見」が付いています。この例でも、主語である「妹子」が「損傷される」のではなく、「妹子」が「（花に対して）損傷する」という行為を行うという意味です。この二つの例文の違いは、対象に向かう動作が対象者にとって益があるか害があるかの違いです。最初の例文では、主語「家叔」が対象（余）に向かって利益のある行為をします。二つ目の例文では、主語「妹子」が対象（花）に向かって害のある行為をします。

この「見」は日本語にはない用法です。日本語でこの文と同じ意味を表現するためには、「私に対して」など他の言葉を補って表現します。では漢文訓読する時にはどのように読めばいいのでしょうか。

この「見」の用法について、『漢文の語法』（西田太一郎著、角川書店、昭和五十五年。令和五年復刊。齋藤希史・田口一郎校訂、角川ソフィア文庫）では、次のように説明しています。

日本語で、自分が他の人のために何かをする場合に「してやる（してあげる）」（「してくれる」ということもある）などといい、他の人からは「してもらう（していただく）」などというのに対して、相手を主語として自分に対しては「してくれる（してくださる）」という言い方がある。いま問題にしている「見」はこの「くれる、くださる」ににた語法ではないかと思われる。だが、たとえば、1「見《くル》レ帰《シテ》」、2「不《ンバ》レ見《くださラ》二聴許《シテ》一」、3「見《くださル》二弔勉《シテ》一」と読むのも奇異であるし、「してくれる（してくださる）」は原則として利を受けるのに言い、害を受ける場合には用いないから（「殺してくれ」「殺してください」など、自分から希望する場合は別）、4「卓幾《ほとんド》見《くル》レ殺《シテ》」とか5

「慈父見レ背《くださル》キテ」とかは言えない。

この本ではこのように述べて、「見」を「われ」と訓読しています。この考え方に従えば、先に挙げた二つの例文は、

家叔以テ二余ノ貧苦ヲ一、遂ニ見《われヲ》レ用ヰル二於小邑ニ一。

書き下し：家叔余の貧苦を以て、遂に見《われ》を小邑に用ゐる。

繊手折リ二其ノ枝ヲ一、花落ツルコト何ゾ飄颻タル。請ヒテ謝ス彼ノ姝子ヨ、何為レゾ見《われヲ》損傷ス。

書き下し：繊手其の枝を折り、花落つること何ぞ飄颻《へうやう》たる。請ひて謝す彼の姝子よ、何為《なんす》れぞ見《われ》を損傷す。

と読むことになります。確かにこのように読めば、たいへん分かりやすい訓読になります。

しかしその一方で、助字である「見」を代名詞である「われ」と読むには、やはり何となく抵抗があるかもしれません。その場合は、この用例の「見」は厳密には受身ではないことを理解した上で、「見」に受身の助動詞「る」・「らる」を当てて読むしか方法がないでしょう。そうすると、先の二つの例文は、

家叔以テ二余ノ貧苦ヲ一、遂ニ見ルレ用ヰ二於小邑ニ一。

書き下し：家叔余の貧苦を以て、遂に小邑に用ゐらる。

繊手折リ二其ノ枝ヲ一、花落ツルコト何ゾ飄颻タル。請ヒテ謝ス彼ノ姝子ヨ、何為レゾ見ル二損傷セ一。

書き下し：繊手其の枝を折り、花落つること何ぞ飄颺たる。請ひて謝す彼の姝子よ、何為れぞ損傷せらる。

と訓読することになります。

そもそも日本語の中に「見」の特殊用法に適合する言葉がないので、中国語をそのままの形で日本語として訓読するためには、どうしても何らかの無理をしなければなりません。したがって、助字である「見」を代名詞の「われ」と読むか、受身ではないけれども受身の助動詞「る」・「らる」を当てて読むか、いずれかの方法で読まざるを得ないでしょう。

8、比較

(1) 不如・不若

読み：しカず

意味：及ばない

「如」は「およぶ」の意味です。「主語」と「目的語」を比較して、「主語」が「目的語」に及ばない、「目的語」の方が「主語」よりも優れている、すなわち、「不如」の上にあるモノが「不如」の下にあるモノよりも劣っている、ということを表しています。

百聞ハ不レ如カ二一見ニ一。

書き下し：百聞は一見に如かず。
現代語訳：百回聞くことは一度見ることには及ばない。

慣用句としてよく耳にする言葉です。「不如」が「およばない」なので「不如」の上にある「百聞」が、「不如」の下にある「一見」に劣っているという意味です。

知《ル》レ之《ヲ》者《ハ》不レ如《カ》二好《ム》レ之《ヲ》者《ニ》一。好《ム》レ之《ヲ》者《ハ》不レ如《カ》二楽《ム》レ之《ヲ》者《ニ》一。
書き下し：之を知る者は之を好む者に如かず。之を好む者は之を楽しむ者に如かず。
現代語訳：あることを理解している者は、そのことを好む者に及ばない。そのことを好む者は、そのことを楽しむ者に及ばない。

「之」字は代名詞ですが、ここでは具体的に何かを指しているのではありません。「之」には動詞の後に付いて口調を整えたり、直前の文字が動詞であることを示したりする働きがあります。「知之者」は「好之者」よりも劣っており、「好之者」は「楽之者」よりも劣っている、という意味です。
「不如」は「不若」と書かれることもあります。読み方・意味は同じです。

不レ若《カ》三挙《ゲテ》レ州《ヲ》以《テ》附《スルニ》二曹公《ニ》一。
書き下し：州を挙げて以て曹公に附するに若かず。
現代語訳：州を挙げて曹公に味方するほうがよい。

(2) 於

読み：～（ヨリモ）

意味：～よりも

介詞「於」は場所や時間を表す時によく用いられますが、比較の意味で用いられることもあります。場所・時間を表す時には目的語に送り仮名「ニ」を送って「於」字自体は読みませんでした（読まないように見える）。比較の意味の時は、送り仮名が「ヨリモ」となって、やはり「於」字自体は読みません。場所・時間を表すのか比較を表すのかは、文章の意味や前後関係によって判断します。そして介詞「於」が比較の意味の場合、主語が介詞「於」の下に来る名詞よりも程度が上であることを表します。

苛政ハ猛二於虎ヨリモ一也。

書き下し：苛政は虎よりも猛なり。

現代語訳：厳しい政治は虎の恐ろしさよりも激しいものだ。

主語が「苛政」（厳しい政治）、「猛」が「激しい」という意味の動詞です。「猛」の下に介詞「於」があり、さらにその下に「虎」があります。もし介詞「於」が場所を表す意味ならば、「於」の下に地名など場所を表す言葉が来ます。ここは「虎」が来ていて、必ずしも場所を表す言葉ではありません。「虎」は猛獣の一種です。さらに主語が「苛政」、動詞が「猛」なので、いずれも「厳しいこと、激しいこと」を表す意味の言葉です。そうすると比較の意味がよさそうだと考えられます。主語「苛政」は、介詞「於」の下にある「虎」よりも「猛」厳しいものである、「苛政」の方が「虎」よりも激しさの程度が上である、という意味を表しています。

霜葉ハ紅ナリ㆓於二月花ヨリモ㆒。

書き下し：霜葉《さうえふ》は二月の花よりも紅なり。

現代語訳：霜で赤くなった葉は春に咲く花よりも赤い。

主語が「霜葉」、動詞が「紅」、介詞「於」の下に名詞「二月花」があります。「二月花」は春に赤々と咲く花のことです。今の暦では「二月」と言えばまだ寒い時期のイメージですが、古典では太陰暦を用いていますので、今の暦より一ヶ月から一ヶ月半ほど遅くなります。したがって古典で出てくる「二月」は春真っ盛りの頃になります。

さてこの文章は、主語「霜葉」と介詞「於」の下にある「二月花」を比べて、「霜葉」の方が「二月花」よりも赤い、赤さの程度は「霜葉」の方が「二月花」よりも上である、ということを述べています。

（3）最上級を示す　莫如・莫若

読み：しクハなシ

意味：～に及ぶものはない

比較の「不如」・「不若」と同じく、「如」・「若」は「およぶ」の意味です。「及ぶものはない」ということから最上級を表します。「莫如」・「莫若」の下に置かれるものが最もよい、という意味です。

救フニ㆑寒ヲ莫ク㆑如クハ㆑重ヌルニ㆑裘ヲ、止ムルニ㆑謗ヲ莫シ㆑如クハ㆓自ラ脩ムルニ㆒。

書き下し：寒を救ふに裘《きう》を重ぬるに如くは莫く、謗《ぼう》を止むるに自ら脩《おさ》むるに如くは莫し。

現代語訳：寒さを防ぐのに毛皮の上着を重ねるのに及ぶものはなく、誹謗《ひぼう》を止めるのに自ら戒めるのに及ぶものはない。

前半部分、文頭の「救寒」が主語で、この文では「寒さを防ぐことについては」と、話題を提示しています。その下に「莫如」とあって、これが最上級を示します。「莫如」の下にある「重裘」（上着を重ねること）が、この文の話題である「救寒」（寒さを防ぐこと）について最もよいことである、という意味です。後半部分の冒頭「止謗」（誹謗を止めること）が話題を提示し、「莫如」で最上級を表し、その下の「自脩」（自ら戒めること）が「止謗」の中で最もよいことである、と述べている文章です。

知ルハレ子ヲ莫シレ若クハレ父ニ。

書き下し：子を知るは父に若くは莫し。
現代語訳：子供のことを理解するのは父親に及ぶものはない。

文頭の「知子」が主語で話題を提示します。「莫若」も「莫如」と同じく「しくはなし」と読み、意味・用法も同じです。「莫若」の下に「父」という語があります。「知子」（子供を理解すること）ということについては「父」が最も優れているのだ、という意味になります。

9、仮定

将来起こるであろうこと、あるいは現実とは異なることを想像し、それに対してどのようなことが起こるか、どのようなことが考えられるかを述べる構文が「仮定」です。

日本語の古典文法で仮定を表す時は、活用語（動詞・形容詞・形容動詞・助動詞）の未然形に接続助詞「ば」を付けて表現します。

世の中に　たへて桜の　なかりせば　春の心は　のどけからまし

この和歌の「なかりせば」の部分は、形容詞「なし」の連用形「なかり」、過去の助動詞「き」の未然形「せ」、接続助詞「ば」で構成されています。「き」の未然形に「ば」が続くことで、仮定の意味になります。そして「なかったならば」という現代語訳になります。

漢文訓読でも基本的にこの日本古典文法に従います。では次の文はどのように訓読するのでしょうか。

西出㆓陽関㆒無㆓故人㆒

有名な王維の詩の一節です。この文は、「（最果ての地に赴任する君が）西に向かって行って陽関を通り過ぎたならば、もう昔なじみの友人はいないのだから」という意味です。「西出陽関」の部分が仮定になっています。したがって、

西のかた陽関を出でなば故人無からん

のように、ダ行下二段活用動詞の連用形「出で」、完了の助動詞「ぬ」の未然形「な」に接続助詞「ば」を続けて読むのが、日本古典文法に正しく則った読み方です。もちろんこれで正しい読み方になります。

その一方で、

西のかた陽関を出づれば故人無からん

とダ行下二段活用動詞の已然形「出づれ」に接続助詞「ば」を続けて読む読み方も行われます。本来の日本古典文法で言えば、この読み方では、確定条件（~なので、~すると、~の時はいつも）の意味を表すことになります。しかし漢文訓読では、日本の古文（和文）ほど必ずしも厳密ではありません。この例のように、仮定の意味でありながら、「已然形＋ば」の形で読まれることもあります。

(1) 如・若、仮如・仮令

読み：もシ~バ

意味：もし~ならば

最も一般的な仮定の助字です。仮定を表す句の冒頭に置かれます。訓読では、「如」など仮定の助字に「も」という読みを当て、送り仮名として「し」を付けます。そして仮定の意味の句の最後に、接続助詞「ば」を送り仮名として付けます。

若シ嗣子可ケレバレ輔ク、輔ケヨレ之ヲ。如シ其レ不才ナレバ、君可シ二自ラ取ル一。

書き下し：若し嗣子輔くべければ、之を輔けよ。如し其れ不才なれば、君自ら取るべし。

現代語訳：もしわが息子は補佐する価値があれば、補佐せよ。もし主君としての才能がなければ、君がその地位に取って代われ。

「若」と「如」が仮定を示す助字です。「嗣子可輔」が仮定する内容で、その上に仮定の助字「若」が置かれています。訓読では、「若」を「もし」と読み、「嗣子可輔」を「嗣子輔くべければ」と、仮定の内容の最後に「ば」を付けます。それに続く「輔之」が、その前の仮定した内容に対して判断したことがらです。

後半は、「其不才」が仮定する内容で、その上に「如」が置かれます。「如」を「もし」と読み、「其不才」を「其れ不才なれば」と、この句の最後の読みに「ば」を付けます。それに続く「君可自取」が、仮定に対して判断したことがらです。

仮如シ賢者至レバ、閣下乃チ一タビ見エヨレ之ニ。

書き下し：仮如《も》し賢者至れば、閣下乃ち一たび之に見《まみ》えよ。

現代語訳：もし賢者がやって来たならば、閣下はその人に一度お目にかかってください。

仮定の助字には、「仮如」・「仮令」のように二文字のものもあります。その場合訓読では「仮如」二文字で「もし」と読みます。「も」を二文字の漢字の読みに当て、「し」を送り仮名とするのが一般的です。

(2) 苟

読み：いやしクモ～バ

意味：もし～ならば

「如」・「若」と同様に、「苟」も仮定の助字として用いられます。ただし読み方は「いやしくも」であって、「如」・「若」などと異なります。

苟《クモ》無《ケレバ》二恒心一、放辟邪侈、無《キ》レ不《ル》レ為《サ》已。

書き下し：苟くも恒心無ければ、放辟邪侈、為さざる無きのみ。

現代語訳：もし変わることない道徳心がなかったら、悪行三昧、しないものはない。

この例文では、「無恒心」が仮定する内容で、そのすぐ上に「苟」字が置かれます。この字を「いやしくも」と読み、その「いやし」を漢字の読み、「くも」を送り仮名とします。文末の「已」は限定の助字で（後述）「のみ」と読み、ここでは強調の意味です。

苟《クモ》如《ケレバ》二君《ノ》言《ノ》一、劉予州何《ゾ》不《ル》二遂《ニ》事《ヘ》レ之《ニ》乎。

書き下し：苟くも君の言の如ければ、劉予州何ぞ遂に之に事《つか》へざるか。

現代語訳：もし君の言葉どおりならば、劉予州殿（劉備）はどうしてこれに仕えないのか。

⑶ 縦

読み：たとヒ〜トモ

意味：たとえ〜であっても

「縦」も仮定の助字として用いられます。しかし「如」・「若」・「苟」などとは意味が少し異なります。「如」などが「もし〜ならば」という順接的仮定であるのに対し、「縦」は「たとえ〜であっても」という逆説的仮定の意味になります。したがって「縦」（たとひ）と呼応する仮定を表す句末の送り仮名も「〜とも」や「〜も」となります。

縦ヒ江東ノ父兄憐ミテ而王トスルモレ我ヲ、我何ノ面目アリテ見エンレ之ニ。

書き下し：縦《たと》ひ江東の父兄憐れみて我を王とするも、我何の面目ありて之に見《まみ》えん。

現代語訳：たとえ江東の人たちが憐れんで私を王としても、私はどんな顔をして彼等に会うことができようか。

「江東父兄憐而王我」が仮定する内容で、その上に「縦」字が置かれます。そしてそれに続く部分で、仮定した内容に対して否定的な結論を述べています。これが逆説的仮定です。

縦ヒ有リテ二健婦一把ルトモ二鋤犂ヲ一、禾生ジテ二隴畝ニ一無シ二東西一。

書き下し：縦ひ健婦有りて鋤犂《じょれい》を把るとも、禾《くわ》隴《ろう》畝《ほ》に生じて東西無し。

現代語訳：たとえ健康な女性がいて鋤や鍬を取っても、穀物は畑のあぜ道に生え東も西も分からなくなってしまっている。

(4) 雖

読み：いへどモ

意味：たとえ～だとしても

「雖」も仮定を表す助字の一つです。逆説的仮定を表します。訓読の時の読み方が他の仮定の助字とは異なり、「いへども」となります。そして仮定の内容の最後に「と」という送り仮名を付けます。

雖《モ》レ有《リト》二天下易生之物一也、一日暴《メ》レ之《ヲ》、十日寒《クスレバ》レ之《ヲ》、未《ダ》《ル》レ有《ラ》二能《ク》生《ズル》者一也。

書き下し：天下の易生の物有りと雖も、一日之を暴《あたた》め、十日之を寒くすれば、未だ能く生ずる者あらざるなり。

現代語訳：この世の中の成長しやすいものがあったとしても、一日日干しにして温め、十日冷たく冷やせば、成長することのできるものはない。

「有天下易生之物也」が仮定の内容で、その上に「雖」字があります。仮定の内容は「天下易生の物有りと」と、その最後に「と」という送り仮名を入れます。この例文の「也」字は、句中にあって、一文の中で句の意味が一区切りすることを示します。この用法では「や」と読むことが多いのですが、この例文の場合「いへども」という読みとうまく繋がらないので、読まずにおきます。

謁《スルニ》二丞相《ニ》一、雖《モ》二三公《ト》一亦《タ》入《ル》二客次《ニ》一。

書き下し：丞相に謁するに、三公と雖も亦た客次に入る。

現代語訳：丞相にお目にかかるのには、たとえ三公であっても来客用応接室に入る。

「三公」が仮定の内容です。その上に「雖」字があります。やはり「三公と」のように「と」という送り仮名を付けます。

失《ヒテ》レ火《ヲ》而取《レバ》二水《ヲ》於海《ニ》一、海水雖《モ》レ多《シト》、火必《ズ》不《レ》滅《セ》矣。

書き下し：火を失ひて水を海に取れば、海水多しと雖も、火必ず滅せず。

現代語訳：火事になって、（火を消すために）水を（遠くにある）海から取れば、海水はたくさんあったとしても、火は絶対消えない。

この例文の「雖」は前二つと少し意味が異なります。海の水はたくさんあることは誰もが知っている事実です。したがって「海水雖多」は事実とは異なることを述べた仮定ではありません。事実として認めながらも（既定）、それとは反対のことを述べる逆接の構文です。ただし既定の「雖」の読み方は、仮定と同じです。

10、限定

(1) 副詞　但・唯・惟・独

読み：たダ、ひとリ

意味：ただ〜だけ

副詞なので、いずれも動詞・形容詞のすぐ上に置かれます。限定の意味の副詞として用いられる場合、「但」・「唯」・「惟」字は「ただ」とのみ読みますが、「独」字は「ただ」と読んでも「ひとり」と読んでも構いません。

三人問《ヘバ》二其《ノ》所《ヲ》レ至《ル》、亮但《ダ》笑《ヒテ》而不レ言《ハ》。

書き下し：三人其の至る所を問へば、亮但だ笑ひて言はず。

現代語訳：三人はその目標とすることを尋ねると、(諸葛)亮はただ笑って何も言わなかった。

孤帆《ノ》遠影碧空《ニ》尽《キ》、唯《ダ》見《ル》長江《ノ》天際《ニ》流《ルルヲ》。

書き下し：孤帆の遠影碧空に尽き、唯だ見る長江の天際に流るるを。

現代語訳：小舟の帆は青空の彼方に消えて行き、目の前にはただ長江が天の果てまで流れていくのが見えるだけだ。

独《リ》有《ルノミ》二盈《タス》レ觴《ヲ》酒一、与レ子結《バン》二綢繆《ヲ》一。

書き下し：独り觴《しやう》を盈《み》たす酒有るのみ、子《し》と綢繆《ちうびう》を結ばん。
現代語訳：ただ盃を満たす酒だけがある。君と離れることのない思いを結ぼう。

（2）文末の助字　耳・爾・而已・而已矣

読み：のみ
意味：～だけだ
限定の副詞は用いませんが、文末に限定を表す助字を置いて、限定の意味を表します。

吾ノ所ノ㆑為ス者ハ極メテ難キ耳。
書き下し：吾の為す所の者は極めて難きのみ。
現代語訳：私がしようとしていることはきわめてむずかしいことだ。

前言戯ムル㆑之ヲ耳。
書き下し：前言之を戯むるのみ。
現代語訳：先に言ったことはからかっただけだ。

書ハ足ル㆔以テ記スニ㆓名姓ヲ㆒而已。
書き下し：書は以て名姓を記すに足るのみ。
現代語訳：文字は自分の名前を記すだけで十分だ。

「而已」二文字が文末におかれて、この二文字で限定の意味を表します。読み方もこの二文字を合わせて「のみ」と読みます。

為《ル》二人君一者《ハ》謹《ム》三其《ノ》所《ヲ》二好悪《スル》一而已矣。

書き下し：人君たる者は其の好悪する所を謹むのみ。

現代語訳：君主である者は、その好んだり憎んだりすることを慎むだけだ。

王何《ゾ》必《ズシモ》曰《ハン》レ利《ト》。亦《タ》有《ル》二仁義一而已矣。

書き下し：王何ぞ必ずしも利と曰はん。亦た仁義有るのみ。

現代語訳：王様どうして利を言う必要がありましょうか。ただ仁義があるだけですよ。

どちらの例文とも、「而已矣」三文字が文末に置かれています。この三文字が限定の意味を表し、三文字あわせて「のみ」と読みます。

11、比況　如・若

読み：ごとシ

意味：～のようだ

比況とは、あることがらを別の物に例えて述べることを言います。第五章「再読文字」で出てきた「猶」（なホ〜ノごとシ）も比況表現の一つです。ここではそれ以外の比況表現について見ていきましょう。

比況を表す文字には「如」と「若」があります。いずれも読み方は一緒で、比況の助動詞「ごとし」を当てて読みます。「如」・「若」の下に名詞が来る時は、「〜のごとし」のように、名詞に「の」という送り仮名を付けます。「如」・「若」の下に文が来る時は、「〜がごとし」のように、文の読みの終わりに「が」という送り仮名を付けます。「如」も「若」も比況の用法の時は、「如」・「若」の上に主語があり、「如」・「若」の下に例えとなるものが置かれます。

凶横《ニシテ》無《シ》レ所レ不《ル》レ為《サ》、人畏《ルルコト》如《シ》二狼虎《ノ》一。

書き下し：凶横にして為さざる所無し、人畏るること狼虎のごとし。

現代語訳：凶暴でしないことがない。人は狼や虎のように恐れる。

「人畏」（人が恐れる様子）を「狼虎」に例えています。「如」の下に「狼虎」という名詞が続いているので、「虎狼のごとし」と、名詞「虎狼」に「の」という送り仮名を付けて読みます。

紹射《シ》二営中《ヲ》一、矢如《シ》二雨《ノ》下《ルガ》一。

書き下し：紹営中を射し、矢雨の下《ふ》るがごとし。

現代語訳：袁紹は曹操の陣営に向けて矢を射ると、矢は雨が降るようだった。

袁紹が放たせた矢が、曹操の陣営に雨が降るようであった、という意味です。「雨下」で「雨が降る」という一文になっています。そのため読み方は「雨下るがごとし」と「雨下」の読みに「が」という送り仮名が付けられています。

山ニ有リ二小口一、髣髴トシテ若シレ有ルガレ光。

書き下し：山に小口有り、髣髴として光有るがごとし。

現代語訳：山に小さな入り口があり、ぼんやりとして光があるようだ。

「若」も「如」と同じ用法で比況を表します。「若有光」と、この例文では「若」字が使われています。「如」と同様に、「若」字の下に例えとなるものが来ます。

12、希望

(1) 請

読み：こフ

意味：～を願う

訓読する時に、まず先に「請」字を読んでそれから後に続く部分を読む方法（請ふ～～を。）と、「請」字の後の部分を先に読んで、それから「請」字を読む方法（～～を請ふ。）とがあります。どちらで読んでも意味は変わりません。

「請」字の下に続く言葉、すなわちお願いする内容が長く続く場合は「請ふ〜〜を」と読み、「請」字の下に続く言葉が短い場合は、「〜〜を請ふ」と読むと、訓読しやすいです。

軍中《ニ》無《シテ》二以《テ》為《ス》レ楽《シミヲ》、請《フ》以《テ》レ剣《ヲ》舞《ハンコトヲ》。

書き下し：軍中に以て楽しみを為す無し、請ふ剣を以て舞はんことを。

現代語訳：軍中には楽しいことがないので、剣を持って舞を舞わせてください。

「請」字の下に、希望する内容が書かれています。この文を「剣を以て舞はんことを請ふ」と読んでも構いません。

請《フ》二璞《ニ》為《スヲ》レ卦《ヲ》。

書き下し：璞《はく》に卦を為すを請ふ。

現代語訳：（郭）璞に占いをするようお願いした。

「璞」は人名で郭璞《かくはく》のこと、西晋から東晋にかけての学者です。たくさんの書物に注釈を付けているほか、占い師としての伝説がたくさん伝わっています。

この例文も、「請」字の下に希望する内容が書かれています。ただこの文の場合、「璞」が動詞「請」の目的語であると同時に、動詞「為」の主語として、兼語文と考えることもできます。そうすると、「璞に請ひて卦を為さしむ」と読んでも構いません。

（2）欲

読み：（〜ント）ほっス

意味：〜したい

「欲」字が助動詞として動詞の前に置かれて願望を表す時の読み方は、動詞の未然形に意志の助動詞「む（ん）」の終止形と格助詞「と」を付けて「欲（ほっす）」に繋げて、「〜んと欲す」のように読みます。

備 欲スレ 求メントレ 見ユルヲ二 督 郵ニ一。

書き下し：備督郵に見《まみ》ゆるを求めんと欲す。

現代語訳：劉備は督郵に謁見することを求めたいと思った。

「備」（＝劉備）が主語で、「求」が動詞です。動詞「求」のすぐ上に希望を表す助動詞「欲」が置かれています。動詞「求」の読み「もとむ」の未然形「もとめ」に「んと」という送り仮名が付き、それから「欲」の読み「ほっす」に繋がります。

今 吾 欲スニ 変ジテレ 法ヲ 以テ 治メント一。

書き下し：今吾法を変じて以て治めんと欲す。

現代語訳：今私は法令を変更して国を治めたいと思う。

「変」と「治」が動詞で、二つの動作が連続して行われます。そのすぐ上に希望を表す助動詞「欲」があります。

動詞が二つあり、その両方に「欲」がかかっているので、下にある動詞「治」を読んでから、助動詞「欲」を読みます。

「欲」は願望の意味が薄れ、「〜しようとしている」という意味になることもあります。読み方は変わりません。

山　青《クシテ》　花　欲《ス》レ　然《エント》。

書き下し：山青くして花然《も》えんと欲す。

現代語訳：山は青々として花が燃えるように咲き乱れようとしている。

この例文は「花が咲き誇りたい」という意味より、「咲き誇ろうとしている」という意味の方がふさわしいでしょう。「欲」の希望の意味が薄れている例です。読み方は動詞「然」の読み「もゆ」の未然形「もえ」に「んと」が送り仮名として付いて、それから「欲」の読みに繋がります。

現代語では「もえる」という漢字は「燃」のように火偏が付いています。もともとは「然」字が「もえる」という意味の漢字でした。「然」字にれっか「灬」が付いていることから、「然」字自体「火」に関する意味を持つ漢字だと分かります。「然」字に接続詞「しかり」という意味が生まれ、それが多く使われるようになったため、接続詞と区別するためにさらに火偏を付けて、「燃」字が生まれました。

渓　雲　初《メテ》　起《コリ》　日　沈《ミ》レ　閣《ニ》、　山　雨　欲《シテ》レ　来《タラント》　風　満《ツ》レ　楼《ニ》。

書き下し：渓雲初めて起こり日閣に沈み、山雨来たらんと欲して風楼に満つ。

現代語訳：谷間の雲が起こって夕日は建物の後ろに沈んで行き、山の中で雨が降り出そうとして風が建物の中に吹いてくる。

この例文の「欲」も「～しようとしている」という意味です。「山雨」（山の中で降る雨）がやって来たい、というのはやはりおかしな意味になってしまいます。「山の中で雨が降り出しそうだ」と理解すれば、分かりやすい意味になります。読み方は動詞「来」の読み「きたる」の未然形「きたら」に「んと」と付けて、それから「欲」の読みに続けます。

(3) 願・幸・冀

読み：ねがハクハ　ねがフ　こひねがフ

意味：～を願う

「請」と同じように、「願」字を「ねがはくは～」と先に読んでも、「～を（と）願ふ」と後から読んでも構いません。もちろん意味も変わりません。「願」の下に続く内容が長い場合は「ねがはくは」、短い場合は「～をねがふ」と読むことが多いです。

願《ハクハ》受《ケテ》二一廛《ヲ》一而為《ランコトヲ》レ氓《ト》。

書き下し：願はくは一廛《てん》を受けて氓《たみ》とならんことを。

現代語訳：小さな住まいをいただいて移民とさせてください。

動詞「願」の目的語が「受一廛而為氓」という一文で、これが「願う」内容です。「一廛を受けて氓と為らんことを願ふ」と読むこともできます。

願《フ》軽挙《シテ》而遠遊《センコトヲ》。

書き下し：軽挙して遠遊せんことを願ふ。

現代語訳：軽やかに天に上って遠くへ出かけて行くことを願う。

「軽挙而遠遊」という一文が動詞「願」の目的語になっています。「願はくは軽挙して遠遊せんことを」と読むこともできます。

天道《ハ》深遠《ニシテ》、幸《ハクハ》勿《カレ》多言《スルコト》。

書き下し：天道は深遠にして、幸《ねが》はくは多言すること勿かれ。

現代語訳：天の原理は奥深いものであるから、余計なことは言わないでくれ。

「幸」という字に「ねがう」という意味があります。この例文の意味は、「余計なことを言わないでほしい」という意味なので、「ねがはくは」と先に「幸」字を読むと、それに続くお願いする内容は「多言すること勿かれ」と命令の読み方で読みます。先にお願いする内容を読んで、「幸」字を後から読むのならば、「勿」字の読みを命令形にしてしまうと、「幸」（ねがふ）にうまく繋がりません。そこでその場合は、「多言すること勿《な》きを幸ふ」と読みます。

釈《テテ》其《ノ》耒《ヲ》而守《リ》株《ヲ》、冀《フ》復《タ》得《ンコトヲ》兎《ヲ》。

書き下し：其の耒《すき》を釈《す》てて株を守り、復た兔を得んことを冀《こひねが》ふ。
現代語訳：その鋤を捨てて切り株を見張っていて、再び兔を手に入れることを願っていた。

「冀」は「願」と同じような意味を持っていますが、多く「こひねがふ」と読みます。

13、抑揚　況・矧

読み：いわンヤ～ヲや
意味：まして～なおさらだ

前半で一般的なこと・程度の低いことを述べ、それを踏まえて後半でさらに程度の高い事を述べる構文のことを「抑揚」と言います。訓読では、文末が「～をや」となります。「況」や「矧」に呼応して文末に「乎」・「哉」などがあれば、その直前に「を」という送り仮名を付け、「乎」・「哉」を「や」と読みます。

富貴ナレバ則チ親戚ヲモ畏懼シ、貧賤ナレバ則チ軽二易スレ之ヲ一、況ンヤ衆人ヲ乎。
書き下し：富貴なれば則ち親戚をも畏懼《ゐく》し、貧賤なれば則ち之を軽易す、況んや衆人をや。
現代語訳：お金持ちになれば親戚さえも畏れ多く慎み、貧しければ軽んじ侮る。まして多くの人たちはなおさらだ。

「親戚」、すなわち自分と血の繋がった身内でさえ、お金持ちか貧乏かで態度をコロコロ変える、まして「衆人」、すなわち自分と縁もゆかりもない多くの赤の他人はなおさらである、と述べている文章です。前半でまず通常自分に対して悪い対応をすることが少ないであろう「親戚」の態度を述べ、それを踏まえて後半で自分と縁のない他人はもっと悪い対応をするだろうと述べています。

民　生　鮮《シ》㆓常　在《ルコト》㆒、矧《ンヤ》伊《レ》愁　苦《ノ》纏《ルヲヤ》。

書き下し：民生常に在ること鮮《すくな》し、矧んや伊《こ》れ愁苦の纏《まつわ》るをや。

現代語訳：人の命はいつも保たれることはない。ましてつらい苦しみが身にまとわりついているのであればなおさらである。

「民生」は「人生」と同じで、「人間の命」のことです。「鮮」は「少」と同じで、「少ない」の意味、「伊」は口調を整える語気助詞です。「矧」は「況」と同じく抑揚の助字で、読み方・意味・用法いずれも「況」と同じです。「矧」を「いはんや」と読みます。文末に「乎」・「哉」などがないので、動詞「纏」の読みのあとに「をや」と付けます。

14、詠嘆

発話者の心の感動を表す表現です。

(1) 感嘆詞　嗚呼・嗟乎・唉

読み：ああ

意味：ああ

文頭に感嘆詞を置いて、詠嘆を表します。表記としては「嗚呼」・「嗟乎」・「唉」などいくつかありますが、漢文訓読ではいずれも「ああ」と読みます。感嘆詞なので、書き下し文では漢字書きにします。

嗚呼、孰《カ》知《ラン》下賦斂之毒有《ルヲ》中甚《ダシキ》二是《ノ》蛇《ヨリ》一者上乎。

書き下し：嗚呼、孰か賦斂《ふれむ》の毒是の蛇より甚だしき者有るを知らんや。

現代語訳：ああ、租税の取り立ての害がこの毒蛇の害よりも厳しいということを誰が分かっているだろうか。

嗟乎、大丈夫当《ニ》《キ》レ如《クナル》レ此《クノ》也。

書き下し：嗟乎、大丈夫当に此くのごとくなるべきなり。

現代語訳：ああ、大の男たるものこのようでなければならない。

(2) 感嘆を示す助字　哉・夫・矣・也

読み：かな、か

意味：だなあ

文末に感嘆を表す助字を付けることで、感嘆の意味を表現します。「哉」・「也」は疑問を、「矣」は完了や断定を表す助字でもあります。感嘆なのかそれ以外なのか、文脈から判断しなければなりません。

周《ハ》監《ミ》二於二代《ニ》一、郁郁乎《トシテ》文《ナル》哉。

書き下し：周は二代に監み、郁郁乎《いくいくこ》として文なるかな。

現代語訳：周王朝の制度は夏・殷二代を参考にして作られた。だから華やかで盛んなんだなあ。

この例文の中の「文」は、華やかで盛んな様子を表す形容詞です。それに「哉」を付けて、感嘆を表しています。

子在《リテ》二川上《ニ》一曰《ハク》、「逝《ク》者《ハ》如《キ》レ斯《クノ》夫、不《ト》レ舎《カ》二昼夜《ヲ》一。」

書き下し：子《し》川上に在りて曰はく、「逝く者は斯くのごときか、昼夜を舎《お》かず。」と。

現代語訳：孔子先生は川の畔にいて言った。「流れゆくものはこのようなのだなあ。昼も夜も止まることがない。」

「如斯」は「如此」と同じで、「かくのごとし」と読み、「このようである」という意味です。「如斯」に感嘆を示す助字「夫」が付いて、感嘆を表しています。

甚《ダシキ》矣吾《ノ》衰《ヘタル》也。久《シキ》矣吾不三復《タ》夢《ニ》見二周公《ヲ》一。

書き下し：甚だしきかな吾の衰へたるや。久しきかな吾復た夢に周公を見ず。

現代語訳：ひどいことだなあ、私が衰えてしまったことよ。もう長いことだなあ、私は周公を夢に見なくなってしまった。

「周公」は周の武王を助けて周王朝の基礎を築いた人物で、孔子にとって理想の人でした。「甚」・「久」ともに形容詞です。それぞれの下に「矣」字が付いて感嘆を表しています。「矣」字を完了として「甚だしかった」・「久しかった」としたり、断定として「甚だしいのだ」・「久しいのだ」とすると、その後に続く文章とうまく繋がりません。したがってここの「矣」字は感嘆を表すと判断します。

（3）感嘆を示す疑問詞　何

読み：なんゾ

意味：なんと

疑問詞も感嘆を表すことがあります。疑問か反語か感嘆か、文脈によって判断します。

漢皆已ニ得タルレ楚ヲ乎。是レ何ゾ楚人之多キ也。

書き下し：漢皆已に楚を得たるか。是れ何ぞ楚人の多きや。

現代語訳：漢軍はすでに楚の国を支配したのか。何と（漢軍の中に）楚の国の人が多いことだろうか。

「何楚人之多也」だけを見ると、疑問や反語と同じ形をしています。すぐ上に「漢皆已得楚乎」とあるので、「これはどうして楚の国の人が多いのだろうか」という疑問とか、「これはどうして楚の国の人が多いだろうか、いや多くはない」という反語とかでは、文意がうまく繋がりません。そこで感嘆を表していると判断します。

秦王掃《シ》二六合《ヲ》一、虎視《シテ》何《ゾ》雄《タル》哉。

書き下し：秦王六合を掃し、虎視して何ぞ雄たるかな。

現代語訳：秦王は六カ国を併合して、虎のように諸国を睨みつける様子は何と雄壮なことだろう。

この例文の「何雄哉」も疑問・反語と同じ形をしています。上の句で秦王の偉業を述べており、さらに「雄」の字の意味から、感嘆の表現の方がふさわしいと考えます。

（4）不亦〜乎

読み：まタ〜ずや

意味：なんと〜ではないか

感嘆表現として決まった構文です。「不亦」と「乎」の間に感動する内容が書かれます。

学《ビテ》而時《ニ》習《フ》レ之《ヲ》、不二亦《タ》説《バシカラ》一乎。

書き下し：学びて時に之を習ふ、亦た説《よろこ》ばしからずや。

現代語訳：学んで折に触れ復習して身につけていく（と、理解が深まっていく）、なんと喜ばしいことではないか。

「説」は「よろこぶ」という意味で、音読みも「えつ」です。「不亦」と「乎」の間に動詞「説」が置かれているので、喜びに感動している意味になります。

何《ゾ》乃《チ》残《ヒ》レ身《ヲ》苦《シメテ》レ形《ヲ》、欲《ス》二以《テ》求《メント》レ報《インコトヲ》二襄子《ニ》一、不二亦《タ》難《カラ》一乎。

書き下し：何ぞ乃ち身を残《そこな》ひ形を苦しめて、以て襄子に報いんことを求めんと欲す、亦た難からずや。

現代語訳：どうして体を損ない見目を苦しめて、そうして襄子に報いることを求めようとしている。何と難しいことではないか。

「難」が「むずかしい」という意味の形容詞です。「不亦」と「乎」の間に形容詞「難」が置かれ、難しさに感動している意味になります。

第八章　句点文の読み方

さて、いよいよ返り点送り仮名の付いていない、句読点だけの漢文を読んでいく練習に入ります。これまで本書で学んできた知識を総動員して、句点文にチャレンジしていきましょう。句点文を読んでいく上で、

・文章の意味がきちんと分かりやすく通ること
・漢文（古典中国語）の文法として正しいこと

の二点が重要です。この二点に留意しながら、句点文を読んでいきます。

とは言っても、いきなり長い文章を読んでいくのはとても大変です。まず二文字で構成される文章から練習していくことにします。

1、二字の言葉を書き下し文に直してみる

第六章で、二字熟語の構成を見てきました。次に挙げるのは二文字で構成された言葉ですが、必ずしも二字熟語ではありません。しかし方法は第六章で学んだことと同じです。第六章の学習をもとにして、二文字の文を訓読してみ

ましょう。

まず一字一字の意味をよく考えます。もし漢字の意味がよく分からなければ、漢和辞典を引いてみましょう。一字一字の意味がおおよそ分かったら、第六章で学んだ漢文の文法・語順に注意して二文字の関係性を意識しながら、この二文字でどういう意味を表しているのかを考えます。そして訓読するという手順で進めていきます。

○練習問題

次の二文字の語句を、漢文訓読してみましょう。

如鹿　有誤　漸大　持帰　撃之　衣紅　悔懼　大腹　腹大　不知　至今　悪蛇

○解説

如鹿

「如」にはいくつかの読み方・意味があります。「ごとし」と読んで「～のようだ」という意味になります。「しく」と読んで「およぶ」という意味になります。ただしこの意味の場合は、「不」や「無」など否定詞と結びつくことが多いです。また文頭に置かれて「もし」と読み、仮定を表す働きもあります。さてここではどの意味がふさわしいでしょうか。

「如」の下には「鹿」という字が来ています。これは動物の「しか」に間違いないでしょう。またここではわずか二文字しか示されていないので、仮定の構文が用いられるとは考えにくいです。またここには否定詞はありません。すると「～のようだ」という意味が最もふさわしいと思われます。よって「鹿のごとし」と読んで、「鹿のようだ」

という意味で捉えるのが最もよさそうです。

有誤

「有」は「あり」と読み、「ある」という意味です。第六章で触れたように、「存在する人や物・事」などを示し、それが目的語として「有」字の後に置かれます。ここでは「有」の後に目的語として「誤」があります。「誤りがある」という意味になり、訓読は「誤り有り」となります。

漸大

「漸」は「だんだんと」という意味の副詞で、「ようやく」と読みます。「大」は「おおきい」という意味の形容詞です。副詞と形容詞なので、「漸」字が「大」字を説明するという関係になっています。一文字一文字のもとの意味をそのまま当てはめれば、「だんだんと大きい」となります。しかし、「だんだんと」という副詞は状況が次第に変化していくことを表しています。だから「漸」字の意味に合わせて、「大」も「おおきい」よりは「おおきくなっていく」と捉えた方が、分かりやすいでしょう。「漸大」の二文字は「だんだんと大きくなっていく」という意味の方がいいでしょう。だとすると訓読は「漸く大なり」となります。

持帰

「持」は「もつ」、「帰」は「かえる」という意味です。一文字一文字の意味はすぐ分かるでしょう。何かの物体を手に取り、それを手にして帰って行く時、まずその物体を「持つ」という動作が行われます。それから家などに「帰る」という動作が行われます。動作が行われる順番に漢字が並べられています。この二文字は「もちかえる」という意味で、訓読は「持ち帰る」となります。

撃之

「撃」は「攻撃する、うつ」という意味です。「之」は「ゆく」と読んで「行く」という意味になったり、「これ」と読む代名詞になったりします。「行く」という動詞の場合はどこかの目的地が意識され、そこに向かって「行く」となるはずです。ここでは他に「撃」という動詞となる字しかありません。もし「行く」という意味なら、目的地を示す語など、「行く」という意味と関連のある語がなければなりません。したがってここの「之」は、代名詞として捉えた方がいいでしょう。「撃」が動詞、「之」が代名詞なら、漢文の基本的文法の一つである「動詞＋目的語」として理解できます。読み方も基本どおりに「之を撃つ」となります。

衣紅

「衣」は「ころも」の意味の名詞、「紅」は「あかい」という色を表す形容詞です。「衣」が主語となり、「紅」が述語と理解すれば、漢文の基本的文法のとおりです。よって「衣が赤い」という意味になり、訓読は「衣《ころも》紅《あか》し」となります。

「衣紅」を「紅《あか》き衣」と読んで「赤い衣」という意味で理解できるでしょうか。もし「赤い衣」という意味なら、「赤い」が修飾語として「衣」を説明していることになります。第六章で述べたとおり、説明する語（修飾語）は説明される語（被修飾語）の上に置かれるのですから、もし「赤い衣」という意味なら、「紅」字が「衣」字の上にあって「紅衣」という語順でなければなりません。「衣紅」という語順で、「紅き衣」とは読めません。

悔懼

「悔」は「くやむ」という意味の動詞、「懼」は「おそれる」という意味の動詞です。「悔やんで、それから恐れる」と、動作の連続で捉えると、分かりやすい意味になります。この場合は、出てくる順番どおりに読んでいきます。よって訓読は「悔やみ懼《おそ》る」となります。

大腹

「大」は「おおきい」という意味です。「おおきい」という形容詞の意味では名詞などの前に置いてその名詞の状態を説明することもあれば、名詞の後に置いて述語となることもあります。さらに形容詞としての意味の他、「おおきいこと」「おおきさ」といった名詞の意味になることもあります。「腹」は「おなか」、胴体の下半部を表す名詞です。ここでは「大」字が名詞「腹」字の前に置かれているので、「大」字は述語としての形容詞ではありません。「腹」字を修飾する形容詞だとすると、「大きなおなか」という意味で捉えることができます。訓読は「大なる腹」となります。

腹大

今度は先ほどの「大腹」とは字の順序が逆になっています。「大」字が「腹」字の下に来ているので、先ほどとは異なり、「大」は「腹」を修飾する形容詞ではありません。今度は「腹」が主語、「大」が述語になっています。「腹が大きい」という意味になり、訓読は「腹大なり」です。

「大腹」も「腹大」も、示されている現象は同じです。しかし言葉としては、語順が異なるのだから、構文が異なります。したがって訓読も厳密な意味も異なってきます。

不知

「不」は否定詞で、動詞や形容詞を否定します。そして訓読では打ち消しの助動詞「ず」を当てます。「知」は「しる」「わかる」という意味の動詞です。動詞「知」が否定詞「不」で否定されています。「しらない」「わからない」という意味で、訓読は「知らず」となります。

至今

「至」は「いたる」という意味の動詞です。「今」は「いま、この時」の時間を表す名詞です。名詞「今」が動詞「至」の目的語になっています。訓読は「今に至る」となります。

悪蛇

これは少し難しいかもしれません。

「悪」字には、音読みで二つの読み方があります。それは「アク」と「オ」です。「アク」という読みの時は「わるい」という意味です。「オ」という読みの時は「にくむ」という意味です。「悪」という字には、読み方によって、大きく二つの意味があるのです。

では「悪蛇」とはどういう意味でしょうか。「蛇」字は「へび」という意味の名詞であることはおそらく疑いないでしょう。では「悪」字はどういう意味でしょうか。

もし「わるい」という意味なら「悪」字は形容詞です。形容詞は物事の様子を説明する言葉で、名詞の上に置かれてその名詞の状態を表すことができます。それならば「悪蛇」は「わるいヘビ」という意味になり、訓読は「悪き蛇」となります。

もし「にくむ」という意味なら、「悪」字は動詞です。動詞なのですぐ下に目的語となる名詞を置くことができます。「蛇」字が「悪」字の目的語であるならば、「悪蛇」で「ヘビをにくむ」という意味で捉えることができ、そうすると訓読は「蛇を悪《にく》む」となります。

「悪蛇」の二文字は、「悪き蛇」と読んで「わるいヘビ」という意味に捉えても、「蛇を悪む」と読んで「ヘビをにくむ」という意味に捉えても、どちらも文法的に誤りはありません。意味としてもどちらもおかしくはありません。つまりこの「悪蛇」の二文字だけでは、どちらの意味にも捉えることができ、どちらの読み方も成立することになります。どちらが正しいのか、この二文字だけでは判断することができません。このような場合は、文章の前後関係をしっかり捉え、文脈の中でその意味を確定しなければなりません。

2、数文字程度の短い文を書き下し文に直してみる

二文字の読み方に慣れてきたら、少しずつ文字数を増やしていきましょう。

二文字の文の場合は、一文字一文字の意味を考えながら、その二文字の関係性を考えました。三文字になると、少し複雑になります。三文字がそれぞれ独立してお互い関係性を持っているのか、一文字と二文字、あるいは二文字と一文字の組み合わせで関係性を持っているのかをまず考えなければなりません。その上で、三文字の関係性、三文字で示されている意味を考えていきます。

（1）三文字で構成される文

次の三文字で構成される文を訓読してみましょう。

自潭起　問左右　坐賓位　求観獄　無所観　不可見　蓄一犬　状秀偉　棄官去
造其語　寓其家　気不長　客懼甚　迫新歳　煙雨中　蔵庫中　豈少哉

自潭起

「自」は「みずから」・「おのずから」と読んで「自分から」や「自然と」という副詞の意味、「より」と読んで起点を示す介詞の意味があります。「潭」は水深い淵のことです。「起」は「おこる」「たちあがる」という意味の動詞です。

副詞の意味の場合はすぐ下に動詞が置かれます。ここでは「自」のすぐ後には名詞「潭」があります。したがって「自」は副詞の意味ではないだろうと判断できます。起点を示す介詞ならば、すぐ下に場所や時間を示す名詞があるはずです。「潭」という名詞は、その意味から場所を示すことができます。そして動詞の「起」が続いているので、「介詞句+動詞（句）」の語順を取る漢文の文法にも合っています。意味も「深い淵から起こる」となり、通じそうです。よって訓読は「潭より起こる」（助詞も漢字書きするなら、「潭自《よ》り起こる」）となります。

問左右

「問」は「たずねる」という意味の動詞です。「左」「右」は方向を表す言葉で、「左右」という二字熟語にもなります。そして「〝ひだり〟と〝みぎ〟」という意味の他、「君主の左と右」ということから派生して「側近」という意味にも使われます。この三文字は、動詞としての「問」と「問」の目的語である名詞「左右」という関係にあると考えられます。語順も基本文法どおりです。すると意味は「側近の者にたずねる」となり、訓読は「左右に問ふ」となります。

坐賓位

「坐」は「すわる」という意味の動詞です。「賓」は「客人」という意味の名詞です。「位」は「地位・等級」という意味ですが、そこから派生して「ところ」の意味にも使われます。では真ん中の「賓」字は「坐」字と「位」と、どちらにより強く結びつくのでしょうか。「坐」と結びついて「坐賓＋位」だとすると、どういう意味になるでしょうか。もし「坐賓」なら、語順からして「賓に坐す」と読んで、「（主語が）客人（そのもの）に座る」という意味になってしまいます。場合によっては状況としてあり得なくはないでしょうが、やはり違和感があります。「賓」と「位」を結びつけて「賓位」とすると、「客人の場所」という意味になります。そして「坐賓位」で「客人の場所に座る」という意味になります。古代中国では、客として招かれた時、招いた主人側と招かれた客人側がどこに座るのかということは、厳密に決められていました（今でも「上座」「下座」として、その名残があります）。「客人の場所に座る」というのは、「客として座るべき場所に座る」という意味で、古代中国の風習にも合います。よって「坐賓位」は「賓位に坐す」と読むのが最も適当と考えられます。

求観獄

「求」は「もとめる」という意味の動詞、「観」は「みる」という意味の動詞、「獄」は「監獄」の「獄」で、「囚人などを留め置くところ」という意味の名詞です。一つの文に動詞が二つあるので、注意が必要です。動詞が二つある場合は、主述述語文なのか、動作の連続なのか、兼語文なのか、いくつか可能性があります。

まず名詞の「獄」字が「求」と「観」のどちらの動詞とより密接に結びつくのかを考えます。漢文の文法として「動詞+目的語」の語順になります。そして目的語になる名詞はそのすぐ上にある動詞と結びつきます。したがって名詞「獄」は動詞「観」と結びつき、「観獄」で「獄を観る」という読みになります。そしてさらに「観獄」の二文字が一つの目的語となって、動詞「求」と結びついているのです。「求観獄」は「獄を観るを求む」という読みになり、「監獄を見ることを求めた」という意味になります。

目的語となる名詞は、そのすぐ上にある動詞の目的語となり、離れているところにある動詞の目的語にはなりません。この三文字の場合、「獄」が「求」と直接結びつき、「獄」が「求」の目的語になって「獄を求む」となることはありません。

無所覩

「無」は存在を否定する否定詞で、中国語では動詞ですが、漢文訓読では「なし」という形容詞を当てます。「覩」は「みる」という意味の動詞です。その「覩」という動詞のすぐ上に「所」字があります。第六章で見たように、この「所」字は動詞の上に置いてその動詞を名詞化します。よって「所覩」で「覩《み》る所」と読み、「見る物」・「見るべき物」という意味になります。そして「所覩」のすぐ上にある「無」字が「所覩」の存在を否定します。「覩る所無し」と読んで、「見るべき物がない」という意味になります。

不可見

「不」は否定詞で、用言を否定し、訓読では打ち消しの助動詞「ず」を当てます。「可」は助動詞で、可能を表します。助動詞は動詞のすぐ上に置いて、その動詞に意味を付け加える働きをします。「可」の下には「見」があり、これが「みる」という意味の動詞です。「可見」二文字で、「見ることができる」という意味になります。そしてその上に「不」字があるのですから、「不可見」三文字で「見ることができない」という意味になり、訓読は「見るべからず」（助動詞「可」を漢字書きするなら、「見る可《べ》からず」となります。「不」字は訓読では必ず仮名書きにします）となります。

蓄一犬

「蓄」は「たくわえる」・「やしなう」という意味の動詞、「一」は数詞、「犬」は動物「イヌ」を示す名詞です。数詞「一」は「犬」字と一緒になって「一匹の犬」と理解するのが自然でしょう。そして目的語が「犬」なので、ここの「蓄」は「やしなう」という意味がふさわしいようです。そうすると「一匹の犬を養う」という意味になり、意味がよく分かります。そうすると、訓読は「一犬を蓄《やしな》ふ」となります。

状秀偉

「状」は「すがた・かたち」の意味の名詞で、人間にも動植物にも、あるいはさまざまな物体にも使います。「秀」は「すぐれている」という意味の形容詞、「偉」は「えらい」という意味の形容詞ですが、派生して「すぐれている」という意味にもなります。意味が似ていることから、「秀」と「偉」が密接に関わるだろうと考えられます。「秀偉」で「すぐれている、りっぱだ」という意味の一つの熟語として捉えられます。「状」は一番上にある名詞なので、主語だと考えるべきでしょう。そうすると、「姿形が立派だ」という意味になり、分かりやすい意味に捉えられます。訓読は「状秀偉たり」となります。

棄官去

「棄」は「すてる」という意味の動詞、「官」は「役人」とか「役職」を意味する名詞、「去」は「その場を立ち去る」という意味の動詞です。動詞が二つあるので、動作の連続・主述述語文・兼語文のいずれかの可能性がありま す。それを判断するためにも、文字どうしの関連性を考えます。真ん中の「官」字は、「棄」字と「去」字のどちらとより強く結びつくのでしょうか。「棄」字と結びつき「棄官」だと「官を棄てる」となります。それに「去」字が続いているので、「官を棄てて去る」と読めば、「役職を捨てて立ち去った」という意味に捉えることができます。そ去」字と結びつき「官去」だとすると、語順から「官去る」と読み、「役職が立ち去る」という意味になります。そして「棄」字はこの二文字の上にあるので、「官去」が「棄」字の目的語でなければなりません。そうすると「官るを棄つ」となり、意味がよく分かりません。よってこの三文字は、「官を棄てて去る」と読むのがふさわしいと考えられます。

なお、「官去」で「官を去る」とは読めません。「官を去る」なら、「官」が「去」の目的語になっています。漢文では目的語は必ず動詞の後に置かれるので、語順が異なります。また「棄」字と「去」字が直接結びついて「棄去」と二字熟語のようになることもありません。二字熟語の場合は、その熟語を形成する漢字が必ず連続します。ここでは間に「官」字があるので、「棄去」と二字熟語のように結びつくことはありません。

造其語

「造」は「つくる」という意味の動詞、「其」は物や事を指し示す指示代名詞、「語」は「ことば」という意味の名詞です。指示代名詞の「其」は必ずすぐ下に続く名詞を指し示します。したがって「其語」で「其の語」となります。「其語」の上に「造」字があるので、「其語」は「造」字の目的語です。したがって「其の語を造る」と読んで、

「その言葉を作る」という意味になります。

寓其家

「寓」は「やどる」「身を寄せる」という意味の動詞、「其」は指示代名詞、「家」は「すまい」という意味の名詞です。「造其語」と同じく、「其」はすぐ下の「家」を指し示すので、「其家」で「其の家」と読みます。そして「其家」が動詞「寓」の目的語になります。「其の家に寓す」と読んで、「その家に身を寄せる」という意味になります。

気不長

「気」は名詞ですが、「空気」・「自然界の現象」・「心もち」・「おもむき・様子」などさまざまな意味があります。「不」は否定詞で、すぐ下に来る用言（動詞・形容詞）を否定します。「長」は「ながい」という形容詞になったり、「成長する」という動詞になったりします。「不」はすぐ下の用言を否定する働きをするのですから、「不長」の二文字が密接に関連すると考えるのが自然でしょう。「不長」は「長くない」という意味ならば「長からず」と読み、「成長しない」という意味ならば「長ぜず」と読みます。「不長」の上にある「気」が主語なので、どちらかと言えば「長くない」という意味の方がふさわしいかも知れません。そうすると「気長からず」と読んで「心持ちが長く続かない」という意味に捉えることができます。

客懼甚

「客」は「招かれた人・客人」とか「たびと」という意味の名詞、「懼」は「おそれる」という意味の動詞、「甚」は程度を表す語で、文中の位置によって副詞になったり形容詞になったりします。この三文字の場合、「甚」字は

「懼」字の後に置かれています。もし「甚」字が「はなはだ」という意味の副詞として「懼」字を修飾するならば、「甚」字は「懼」字の前に置かれていなければなりません。漢文の文法では、修飾語は必ず被修飾語の前に置かれます。したがって「懼甚」の語順で「甚だ懼る」とは読めないのです。そうすると「甚」字は形容詞で、述語となっているのだろうと考えられます。

「客」が名詞、「懼」が動詞なので、この二文字で「客懼る」と読んで、「客人が恐れた」という意味に理解することが可能です。そしてさらにその後に「甚」字があるので、今度は主語述語構成になっている「客懼」二文字が主語となり、「甚」が述語と理解できます。すると「客懼るること甚だし」という読みになります。現代語訳は「客人は恐れる様子がひどかった」となります。しかし現代語訳なので自然な日本語を心がけて「客人はものすごく恐れた」と〝翻訳〟してもよいでしょう。

迫新歳

「迫」は「せまる」という意味の動詞、「新」は「あたらしい」という意味の形容詞、「歳」は「いちねん」という意味の名詞です。「新」字が形容詞なので、すぐ下の「歳」字を修飾していると考えられます。すると「新歳」で「新しい年」という意味に理解できます。「新歳」二文字の上に動詞「迫」があるので、「新歳」が「迫」の目的語であると考えれば、「新歳に迫る」と読め、意味も「新しい年に迫ってきた」と理解できます。

煙雨中

「煙」は「けむり」という意味の名詞、「雨」は「あめ」、気象現象を示す名詞、「中」は「まんなか」を表す名詞です。この三文字は名詞が三つ並んでいます。この三文字はそれぞれどのように関わっているのでしょうか。

「煙」・「雨」の意味は前述のとおりですが、「煙雨」二文字で「けむりのように降る雨・霧雨」という二字熟語です。「煙雨」が二字熟語である以上、「中」字は「煙雨」二字に続いて置かれている語だということになります。「煙雨の中」と読んで、「霧雨の中」という意味になります。

蔵庫中

「蔵」は「くら・さまざまな物を保存しておく場所」という意味の名詞になったり、「保存する、収容する」という意味の動詞としても用いることのできる語です。「庫」も「くら」という意味の名詞です。「中」は「まんなか」を表す名詞です。「蔵」と「庫」は同じような意味を持つ名詞として用いられるので、「蔵庫」という二字熟語になりそうです。しかし「蔵庫」という二字熟語は存在しません。したがって「蔵庫の中」とは読まないのです。そうすると、「庫」と「中」が結びついて「庫中」となり、「倉庫の中」という意味で捉えることができます。そして「蔵」を動詞で読んで「庫中」がその目的語だと考えると、「庫中に蔵す」と読んで、「倉庫の中に収蔵する」という意味で理解できます。

「蔵庫」という二字熟語が存在しないことを知るには、一つは漢和辞典を引いてみることです。しかし漢和辞典も（特に小型の漢和辞典は）全ての熟語を収録している訳ではありません。したがって「蔵」が動詞であることを理解する必要があります。ここでは三文字しか示していないのでなかなか難しいのですが、実際に漢文の文章を読む時には、前後関係から判断することになります。

豈少哉

「豈」は反語を表す副詞です。「少」は「すくない」という意味、あるいは「わかい、年齢が低い」という意味の形容詞、「哉」は反語や疑問を表す助詞です。「豈」字がある以上、この文は反語であろうと考えられます。「哉」も反語を示すことができるので、この三文字は「豈に少《すくな》からんや」と読み、「どうして少ないことがあろうか（いや、少なくない）」という意味になります。なお文脈によっては「少」字は「わかい」という意味になって、「豈《あ》に少《わか》からんや」と読み、「どうして若いことがあろうか（いや、若くない）」という意味にもなりえます。なお、漢文では「若」字に「わかい、年齢が低い」という意味はありません。

（２）四文字で構成される文

続いて四文字の文を読んでみましょう。一文字増えたことで、三文字の文よりは複雑になりますが、読んでいく手順は三文字と同様です。一文字一文字の意味を理解した上で、文字どうしの関連性を考え、全体の意味を理解します。その上で訓読していきます。

王公畢集　詩尤精絶　才高意遠　此意甚佳　路甚生疏　投竿東海　頗有才名
智伯知我　不修殿宇　不能疾趨　忘記其姓　痛悔無及　不可不知　使人問之
乃別而去　大不及豆

王公畢集

「王」は「王さま」・「天下を治める人」の意味の名詞、「公」は「おおやけ」の意味ですが、そこから派生して「きみ、主君」の意味にもなる名詞です。「畢」は「おわる」という意味の動詞になったり、「ことごとく」という意味の副詞になったりします。「集」は「あつまる」という動詞です。「王」と「公」は似たような意味なので、この二文字の組み合わせで一つの熟語になりそうです。実際「王公」で「天子と諸侯」という意味で使われる言葉です。そして文頭にあるので、「王公」が主語になります。下の二文字、「集」は動詞でしょうから、「畢」がもし動詞なら動詞が二つ連続します。二文字の動詞の連続ならば、動作の連続か、下の動詞が上の動詞の目的語になるかのどちらかでしょう。動作の連続なら「終わり集まる」という意味になります。動詞と目的語の関係なら、「集まるを終える」（目的語を取る以上、他動詞になるので、「おわる」ではなく「おえる」になります）となります。「畢」が副詞なら「集」と一緒になって「みんな集まる」という意味になります。一字一字の意味を理解したところで、「王公」という主語との繋がりから全体の意味を考えます。「畢集」を「終わり集まる」という意味に捉えると、「王公」との意味の繋がりがよく分かりません。「集まるを終える」という意味に捉えると、「天子や諸侯が集まることを終えた」という意味になります。何とか意味が分からなくもないですが、ぎこちない感じです。副詞と動詞だとすると「天子や諸侯がみんな集まった」という意味になり、比較的すっきりとした意味になるのではないでしょうか。この四文字だけで考えると、「王公畢集」はこの意味がよさそうです。すると訓読は「王公畢《ことごと》く集まる」となります（もちろん前後を示す描写がある場合は、「集まることを終える」の意味となる可能性もあります）。

詩尤精絶

「詩」は文学の一ジャンルの名称、古代中国では正統文学の一つに列せられます。品詞はもちろん名詞です。「尤」は「とがめる」という動詞、それが名詞化して「とが」という意味にもなります。さらに「もっとも」という副詞として使われることも多い字です。「精」はたくさん意味のある字です。「糠を落としてきれいに精白した米」というのが本来の意味ですが、そこから派生して、「混じり気がない」・「すぐれている」、そして「こころ」・「神さま」・「もののけ」などの意味にもなります。「絶」は「たつ・断ち切る」や「ほろぼす」という意味の動詞になったり、「すばらしい」という意味の形容詞になったり、「はなはだ」という程度が高いことを表す副詞になったり、また否定詞と一緒になって「決して」という意味の副詞になったりします。ここの「絶」字はいちばん下にあって、さらに修飾する語がないので、副詞にはなりません。「精」字と「絶」字は「すぐれている」という意味が共通しており、「精絶」で「きわめてすぐれている」という意味の二字熟語を構成します。そうすると「尤」字は副詞として理解できます。一番上の「詩」を主語にして、「詩はもっとも優れている」という意味になり、分かりやすい意味に理解できます。訓読は「詩尤も精絶たり」となります。

才高意遠

「才」は「能力、才能」という意味の名詞、「高」は「たかい」という意味の形容詞、「意」は「こころもち」・「思い・考え」・「意味」・「おもむき」といった意味を表す名詞になったり、「思う」という動詞になったりします。「遠」は「とおい」という意味の形容詞ですが、具体的な距離や時間についての意味だけでなく、抽象的に「奥深い」という意味にも使われます。

さてこの四文字は、「名詞、形容詞、名詞、形容詞」と名詞と形容詞が交互に並んでいます。漢文では主語となる名詞に対して形容詞は単独で述語になることができます。この漢文の文法を踏まえて、「才」が主語、「高」を述語と捉えると、「才高し」と読めます。下二文字も同様に、「意」を主語、「遠」を述語と捉えると、「意遠し」と読めます。四文字続けると、「才高く意遠し」という読みになり、意味も「才能は高く心持ちは奥深い」となり、分かりやすく理解できます。またこの四文字は、「才高」と「意遠」できれいな対句になっています。この点も、この読み方が正しいことの一つの手がかりになります。

なお「高遠」という二字熟語があり、「気高く奥深い」・「志が高く優れている」という意味です。この四文字の意味としてはふさわしいものでしょう。しかしこの四文字では絶対に「高遠」という二字熟語には読めません。なぜなら「高」字と「遠」字の間に「意」字があって、「高」と「遠」が離れているからです。二字熟語は、漢文の文章中では必ず連続して現れます。間に一文字でも入ってかけ離れていたら、それはもう二字熟語としては読むことはできません。

此意甚佳

「此」は「これ」と読み、発話者の近くにある物や事を指し示す指示代名詞です。「意」は、先にも出てきたとおり、「こころもち」・「思い・考え」・「意味」・「おもむき」という意味の名詞、あるいは「思う」という意味の動詞です。「甚」は程度が大きいことを示し、「はなはだ」と読んで副詞になったり、「はなはだしい」と読んで形容詞になったりします。「佳」は「よい」という意味の形容詞です。形容詞「佳」のすぐ上に「甚」字があるので、「甚」字は副詞だと考えられます。すると「甚だ佳し」と読めます。「意」字はすぐ上に指示代名詞があること、すぐ下に副詞と形容詞が続いていてこれが述語になるだろうことから、動詞ではなく名詞だと考えられます。すると「此の意甚だ佳し」という訓読になります。「意」字は「佳」字の意味との関連から「おもむき」という意味が最もふさわしいでしょうか。この文は「このおもむきはとても素晴らしい」という意味に理解できます。

路甚生疏

「路」は「みち」という意味の名詞、「甚」は程度が大きいことを示す副詞や形容詞です。「生」はたくさんの意味を持つ字です。「はえる」・「うまれる」・「いきる」・「成長する」という意味の動詞であったり、「読書人・知識人」という意味の名詞であったり（「学生」とか「先生」という時の「生」です）、「なま」という状態を表す語としても用いられます。そして「なま」という時には、食べ物が「なま」である他に、料理をする時に熱が食材に十分行き届いていない時の「なま」という意味であったり、「新鮮」という意味であったり、さらに「よく知らない」という意味にもなったりします。「生」という字の意味は、前後関係から的確に判断しなければなりません。「疏」は「うとい（おろそかである・よく知らない）」という意味の形容詞であったり、「うとんじる」という動詞であったりします。

ここでは「生」字と「疏」字の両方に「よく知らない」という意味があることから、「生疏」という「よく知らない」という意味の二字熟語になるのではないかと考えられます。そうすると、一番上の「路」字が主語となり、「甚」字が副詞となって、主語＋副詞＋状態を表す語という語順になって、文法的にも正しくなります。そして「道（目的地への経路）が全く分からない」という意味で理解できます。訓読は「路甚だ生疏たり」となります。

投竿東海

「投」は「なげる」という意味の動詞、「竿」は「さお」、細く長い棒のこと、「東」は方角を表す「ひがし」、「海」はそのまま「うみ」です。「東」という方角は「竿」と結びつくと「竿の東」となって、意味がよく分かりません。「東」と「海」が結びつくと、「東の海」となって、これなら意味が分かります。したがって「東海」でひとまとまりだと考えられます。そうすると、動詞「投」の後に「竿」・「東海」という二つの名詞が並んでいることになります。

「投」・「竿」・「東海」という三つの成分から成り立つ文はどのような意味になるのかを考えます。「竿を東の海に投げる」と理解するのが最も自然ではないでしょうか（実際に投げるのは竿に取り付けられた釣り針と釣り糸）。そうすると訓読は「竿を東海に投《な》ぐ」となります。

なおこの文は「東海に竿を投ぐ」とも読めそうです。そしてそのように読んでも、確かに日本語としては不自然ではありません。しかし漢文訓読ではそのように読みません。やはり原則は「上から下へ順番に」です。もとの句点文で「竿」字が上に、「東海」が下にあるので、「竿を東海に投ぐ」と読むのです（中国語の語順で「投東海竿」にもなりません。これだと「東海」を「竿」に投げることになってしまいます。動詞のすぐ下に来る名詞がその動詞の目的語で、動作の直接の対象になるからです）。

頗有才名

「頗」は「すこぶる」という意味の副詞、「有」は存在する物を示す動詞、「才」は「能力、才能」という意味の名詞、「名」は本来「なまえ」の意味の名詞ですが、さらに「名声、名誉」の意味でも使われます。「才」と「名」は類義語で、「才名」という二字熟語になります。「才能と名誉」の意味です。「才名」という名詞の前に「有」字があるので、「有才名」で「才名有り」と読めます。さらに動詞「有」の前に「頗」という副詞があり、「有」を修飾しています。「頗る才名有り」と訓読し、「とても才能と名誉がある」という意味になります。

智伯知我

「智伯」は人名で、春秋時代末期の晋の国の政治家・武将です。「知」は「しる、わかる」という意味の動詞、「我」は一人称代名詞です。人名があり、動詞が続き、そのすぐ下に代名詞がある、という語順なので、漢文の基本的な語順「主語＋動詞＋目的語」で理解できます。「智伯我を知る」と訓読し、「智伯は私（の才能）を知っている」という意味になります。

不修殿宇

「不」は用言のすぐ上にあって、その用言を否定する否定詞です。「修」は「おさめる」と読む動詞です。意味は「ととのえる」・「つくろう」・「まなぶ」・「もうける」などいろいろありますが、いずれにしても「整えて立派にする」というニュアンスを持っています。「殿」は「立派な建物」という意味の名詞、「宇」は「のき、ひさし」・「やね」・「いえ」といった意味の名詞です。「宇」は建物に関する意味を持っているので、「殿」字と類義語だと考えられます。そして「殿宇」という二字熟語を構成し、「宮殿」の意味になります。「殿宇」という名詞のすぐ前に「修」という動詞があるので、「動詞＋目的語」の構文だと考えられます。「修殿宇」で「殿宇を修む」と読めそうです。さらに動詞「修」の上に否定詞「不」が置かれているので、「不」で「修殿宇」を否定します。否定詞「不」には古典日本語の打ち消しの助動詞「ず」を読みとして当てるのでした。「殿宇を修む」という訓読文に打ち消しの助動詞「ず」を続けて、「殿宇を修めず」という訓読になります。そして意味は「宮殿を修繕しない」となります。

不能疾趨

「不」は否定詞、「能」は可能を表す助動詞、「疾」はいくつか意味のある字で、「やまい」・「欠点」といった名詞になったり、「やむ・病気になる」という動詞になったり、「はやい」という形容詞になったりします。「趨」は「はしる」や「おもむく」という意味の動詞です。「疾趨」という二文字の意味を考えた時、「速く走る」と捉えると意味はよく分かります。そして「疾」が「はやい」という意味で「はしる」という意味の動詞「趨」を修飾することになり、文法的にも正しくなります。その「疾趨」の前に助動詞「能」があり、「能」の前に「不」があるので、「疾趨する能はず」または「疾《はや》く趨《はし》る能はず」と読め、意味は「速く走ることができない」となります。

忘記其姓

「忘」は「わすれる」という意味の動詞、「記」は「しるす」あるいは「おぼえる」という意味の動詞や、「しるし」・「書いたもの」という意味の名詞になります。「其」は指示代名詞、「姓」は血統や家系を表す一族の名前のことで、名詞です。「其」が指示代名詞なので、「其姓」でまとまり「其の姓」と読めそうです。そうすると、「記」が名詞だとすると、「しるし」と「その姓」と続いて、意味の上で理解できません。「記」が動詞ならば、「忘記」と動詞が二つ続くことになります。そうすると、動作の連続か、下の動詞（で示される事柄）が上の動詞の目的語になっているかの関係です。「其姓」のすぐ上に「記」があるので、「記」が動詞、「其姓」が目的語だと考えられます。すると「其の姓を記す」という読みになり、「その姓を記録する」あるいは「その姓を覚える」という意味になります。そしてさらにその上に「忘」字があるので、もし動作の連続なら、「忘れてその姓を記録する」または「忘れてその姓を覚える」のどちらかです。いずれも文章の意味として少々ぎこちないのではないでしょうか。もし下の動詞で示されることが上の動詞の目的語になるのであれば、「その姓を記録するのを忘れる」、あるいは「その姓を覚えるのを忘れる」となります。後者の「覚えるのを忘れる」というのは、やはり意味としておかしいようです。前者の「その姓を記録するのを忘れる」なら、意味がよく分かります。したがってこの四文字の訓読は、「其の姓を記すを忘る」となります。

痛悔無及

「痛」は「いたみ」という名詞、「いたむ」という動詞、「いたい」という形容詞いずれにもなります。また「はげしい」という意味としても使われます。「悔」は「くやむ」という意味の動詞です。「無」は否定詞ですが、「不」とは異なり、名詞で示される物や人の存在を否定します。「及」は「およぶ」という意味の動詞です。「痛悔」は「痛んで悔やむ」というよりは「激しく悔やむ」と理解した方が、意味が分かりやすいでしょう。「無」は名詞で示される事柄の存在を否定するので、「無」の下には通常は名詞か名詞に相当する語句が来ます。でもここは「及」という動詞です。しかしながら中国語では動詞で用いられる語であっても「～のこと」と名詞のように理解することも可能なのです。ここも「及」を「及ぶこと」と名詞のように理解すれば、すぐ上に「無」字が来ていても、文法的に問題ありません。また意味も「及ぶことがない」となります。全体を通すと「激しく悔やんでも及ぶことがない（どうしようもない）」という意味で、理解しやすくなります。訓読は「痛悔して及ぶ（こと）無し」となります。

不可不知

「不」は用言を否定する否定詞、「可」は可能を表す助動詞、「知」は「しる」という意味の動詞です。「不可」で「べからず」と読み、「できない」という意味になります。「不知」は「知らず」と読んで、「知らない、分からない」という意味になります。すると「不可不知」で「知らないことはできない」、すなわち「知らないではいられない」という意味に理解できます。読み方も「知らず」と「べからず」をつなげ、さらに「知らず」を「べし」につなげるために「ず」を連体形に改めて、「知らざるべからず」となります。

使人問之

「使」は「つかう」という意味の動詞で用いられますが、さらに漢文では使役を表す語としても用いられ、漢文訓読では使役の助動詞「しむ」を当てて読みます。「人」は名詞、「問」は「たずねる」という意味の動詞、「之」は指示代名詞です。この四文字のうち「問之」二文字は「之を問ふ」と読んで、「これをたずねる」という意味であろうと考えられます。そして使役で使われる「使」字があることから、使役の構文を考えてみます。先の第七章で見たよ

うに、使役の構文は、

使役を表す語（使・令など）＋人・物など使役の対象（させられる人・物）＋動詞句

という語順になるのでした。ここでは「使」字の後に「人」字があり、それに続いて「問之」があって、使役の構文に合っています。使役だとして読むと、「人をして之を問はしむ」となり、意味は「人にこのことを尋ねさせた」となって、分かりやすい意味になります。

乃別而去

「乃」は副詞で「すなわち」と読む語です。「別」は「わかれる」という意味の動詞の意味になったり、「わかれ」という名詞になったりします。「而」は接続詞で順接にも逆接にも使えます。「去」は「さる」という意味の動詞です。接続詞「而」は二つの動作を繋げる働きをするので、「別」が名詞だとすると下に繋がっていきません。ここの「別」は動詞と捉える方がいいでしょう。すると接続詞「而」の前に動詞「別」が、後に動詞「去」があるので、「別而去」で「わかれる」という動作と「たちさる」という動作が続けて行われる事を示していると考えられます。そうすると読みは「別れて去る」となります。「而」字は「別れて」の接続助詞「て」に当てます。そしていちばん上の「乃」字を合わせて、「乃ち別れて去る」と読めば、意味は「そうして別れて立ち去った」となり、分かりやすい意味になります。

大不及豆

「大」は「おおきい」という意味の形容詞ですが、「おおきくする」という動詞になったり、「おおきいこと」・「おおきさ」という名詞にもなったりします。「不」は用言を否定する否定詞、「及」は「およぶ」という意味の動詞、「豆」は「まめ」、名詞です。「不」のすぐ下に「及」という動詞があるので、「不及」で「及ばず」という読み、「およばない」という意味になると考えられます。動詞「及」の下に名詞「豆」があるので「及豆」で「豆に及ぶ」、否定詞を付けて「不及豆」で「豆に及ばず」という読み、「豆に及ばない」という意味になります。これではまだ分かりづらいのですが、文頭の「大」字を名詞で「大きさ」という意味に捉えれば、「大きさは豆粒ほどにも及ばない」という意味になって、分かりやすくなります。読み方は「大なること豆に及ばず」となります。

(3) 五文字で構成される文

五文字になると、文章の意味からしても、文法的にも、ずいぶん複雑になってきます。でも基本は四文字までと同じです。一字一字の意味を理解しながら、全体でどういう意味なのかを考え、そして訓読します。

春風吹酒熟　人之才有限　不知何許人　謂之換骨法　察隣国之政　礼起於何也

武公欲伐胡　去而事智伯　同自毫入秦　但見丘与墳　欲別不忍言　何不秉燭遊

有人衣青衣

春風吹酒熟

「春」は季節の「はる」です。「風」と一緒になって「春風」と熟語を形成するであろうと考えられます。そして

「吹」字が続いています。「春風が吹く」と理解すれば、意味はよく分かります。また「春風」が主語、「吹」が動詞であれば、主語＋動詞の語順になり、文法的にも正しくなります。そしてその後の二字も、「酒ができあがる」という意味に理解し「酒熟す」と読めば、意味もよく分かり、また文法的にも正しいです。よってこの五文字は「春風が吹いて酒ができあがる」という意味に理解できます。書き下し文は「春風吹きて酒熟す」となります。

人之才有限

「人」と「才」は比較的意味が分かりやすいでしょう。「人」は「にんげん」、「才」は「才能」の意味です（なお漢文（中国語）で「人間」と出てきた時は、通常「じんかん」と読み、「世間、人の住む世の中」の意味です）。「之」字にはいろいろな意味がありますが、「人」と「才」という名詞の間にあるので、連体修飾をつくる助字「の」と考えられます。「人之才」で「人の才」と読めそうです。その下、「有」は存在する物を示す動詞の「あり」です。「限」は「かぎり」という名詞として用いられたり、「かぎる」という動詞に用いられたりします。ここは動詞「有」のすぐ下にあるので、名詞と考える方がよさそうです。「有限」という熟語もあり、「限りがある、限界がある」という意味です。五文字全体をとおして「人間の才能には限界がある」と理解すれば、意味がよく分かります。書き下し文は「人の才に限り有り」と読むことができます。

不知何許人

「不」は用言を否定する否定詞です。「知」は「しる・わかる」という動詞の意味や「知識」という名詞の意味で使われます。ここは「不」という用言を否定する語がすぐ上にあるので、「知」は用言、すなわち動詞だろうと考えられます。「不知」で「しらない、わからない」という意味に捉えることができます。次の「何許」は、この二文字で

「いづく」と読み、場所を尋ねる疑問詞です。ここは知識が必要です。そして「人」という名詞が続いています。「何許人」で「どこの人」という意味だと考えられます。「不知」と繋げて、「どこの人なのか分からない」と理解すると、意味がよく分かります。書き下し文は「何許《いづ》くの人なるかを知らず」となります。

謂之換骨法

この文では、まず「換骨」という言葉に着目します。「換骨」というのは、文学などの作品の創作において、先人の作品を踏襲しながら新たに自らの作品を創作することを言います。「法」は「方法」の意味だと分かると、「換骨法」で「換骨の方法」という意味のひとまとまりだと考えられます。「謂」は「いう」という意味にも「おもう」という意味にもなる動詞です。そして「謂之〇〇」という構文で「之を〇〇と謂《い》ふ」と訓読します。この「〇〇」に「換骨法」の三文字を当てはめると、「之を換骨法と謂ふ」と読めます。

察隣国之政

「隣国」が二字熟語であることはすぐ分かるでしょうか。もちろん「隣の国」という意味です。「政」は「政治」のことです。「隣国」という名詞と「政」という名詞の間にある「之」は、通常だと連体修飾語を作る「の」です。そうだとすると、「隣国之政」で「隣国の政」と読んで「隣の国の政治」という意味で捉えることができそうです。そして「察」は「しる・あきらかにする」という意味の動詞です。「隣国之政」が「察」という動詞の目的語だと考えると、「隣の国の政治を知る」という意味になり、文法的にも正しくなります。書き下し文は「隣国の政を察す」となります。

礼起於何也

文頭の「礼」は「人の踏み行うべき決まりや道徳規範」のことで、古代中国では重要な法則のひとつでした。次の「起」は動詞で、「おきる、たちあがる」（自動詞）あるいは「おこる、たちあげる」（他動詞）という意味です。「於」は動詞の下に置かれる場合は、すぐ上の動詞で示される動作が起こる場所や起点・出発点を表します。「何」は疑問詞です。「起於何」で「何から起こるのか」という意味になります。そしてこの文には疑問詞があって疑問文だから、文末の「也」は断定の「なり」ではなく、疑問を表す「や」と読む方が適当だということになります。書き下し文は「礼は何より起こるや」となります。

武公欲伐胡

「武公」が人名です。「欲」は助動詞で、動詞の前に置いて「～したい、～しようとしている」という意味を表します。「伐」は動詞で「軍隊を率いて敵を討伐する」という意味です。「胡」は「北方の異民族国家」のことです。「伐胡」で「北方の異民族国家を伐つ」という意味に捉えることができます。「伐」という動詞の上に「欲」があるので、「欲伐胡」で「北方の異民族国家を伐とうとしている」となります。そして「武公」が主語になります。書き下し文は「武公胡を伐たんと欲す」となります。

去而事智伯

「去」は「たちさる」という意味の動詞です。「而」は接続詞で、「而」の前と後の動作を繋ぎます。順接にも逆接にも使います。「事」は「こと・ことがら」という名詞の他に、「つかえる」という動詞の意味があります。「智伯」は人名です。「事」という字のすぐ下に人名「智伯」があるので、「事」は「つかえる」という意味の動詞で捉えるのがよさそうです。そうすると「事智伯」で「智伯に仕える」という意味になります。「去而」とつなげて、「立ち去って智伯に仕えた」と理解すれば、意味は分かりやすくなります。書き下し文は「去りて智伯に事ふ」となります。

同自亳入秦

「同」は「おなじ」という意味の形容詞、「おなじくする」という動詞、「ともに」という副詞など、さまざまな意味があります。「自」は「みずから」・「おのずから」という副詞の他、「より」と読み、出発点を表す介詞としても用いられます。「みずから」・「おのずから」の場合は副詞なので、すぐ後に動詞が続きます。介詞「より」の場合は地名など場所や時間を示す言葉が続きます。「亳」と「秦」は地名です。「入」は「はいる」という意味の動詞です。「自」のすぐ後に「亳」という地名が続いているので、「自亳」で「亳より」と読むのがよさそうです。すると「入秦」は「秦に入る」となります。そうすると「自亳入秦」で「亳から秦に入った」という意味で理解できます。そしていちばん上の「同」は、副詞の「ともに」と理解すると、全体の意味が「いっしょに亳から秦に入った」となり、とても分かりやすくなります。これでは副詞「同」が介詞句の前にあることになります。しかしながら介詞句は動詞で示される動作を説明するもので、動詞と密接に結びついているものです。したがって副詞を介詞句の前に置くことができるのです。書き下し文は「同に亳自（よ）り秦に入る」となります。

但見丘与墳

「但」は副詞として「ただ」と読み、限定を表します。「見」は「みる」、動詞です。副詞＋動詞の順になっているので、「但だ見る」と読めそうです。その下、「丘」は「おか・高台」の意味の名詞、「墳」は「墓」という意味の名詞です。「与」は「あたえる」や「くみする・仲間になる」の意味の動詞になったり、「ともに」という意味の副詞になったり、「と」と読んだり「ために」と読んだりして介詞になったりします。まず、「与」のすぐ下が「墳」という名詞なので、「与」が副詞になることはありません。「与」が動詞なら、その前の名詞が主語、その後の名詞が目的語だとすれば、文法的には正しくなります。しかし意味はどうでしょうか。「与」が「与える」という意味なら、「丘与墳」は「丘がお墓に与える」というおかしな意味になってしまいます。「与」が「くみする」という意味でも、「丘がお墓と仲間になる」となりまず。確かにお墓は高台に作られることも多いのですが、「丘」が「墳」と「仲間になる」というのは、やはり文章の意味としていささか奇妙でしょう。では介詞「と」ならどうでしょうか。「高台とお墓」という意味になり、さらに上の「但見」と合わせて、「ただ高台とお墓だけが見える」となって、これなら意味も通じそうです。ただし「与」を「と」と読む時は、返り点の付け方に注意が必要です。「与」は介詞であって、並列を表す接続詞ではありません。「丘与墳」に返り点・送り仮名を付けると、「丘ト与《と》ヲ㆑墳」となります。そして「但見」と繋げると、訓点文は「但ダ見ルノミ㆓丘ト与ヲ㆑墳」となり、書き下し文は「但だ丘と墳とを見るのみ」となります。

欲別不忍言

「欲」字は「欲望」の意味の名詞や「ほしい、ほしがる」という意味の動詞としての用法の他、動詞の上に付いて、助動詞として「～したい」・「～しようとする」という意味に使われます。「別」は「別れ」という名詞にも、「別れる」という動詞にも用いられます。「不」は用言を否定する否定詞でした。「忍」は「我慢する」という意味の動詞です。そして「不忍」で「しのびず」と読み、「耐えられない、我慢できない」という意味で使われます。「言」は「いう、はなす」という意味の動詞になったり、「ことば」という意味の名詞になったりします。

この文では、「欲」字のすぐ下に動詞「別」が来ているので、「欲」は助動詞と考えるのがいいでしょう。「欲別」で「別れんと欲して」と読み、「別れようとして」という意味になります。そして「不忍」はやはり「しのびず」と読むことが多いので、まずこの読み方で考えてみます。すると「言」は動詞で「いう」の意味で理解すると、「別れようとして、話すことにも耐えられない」、「別れようとして、(別れのつらさに) 話すことさえも我慢できない」と理解できます。書き下し文は「別れんと欲して言ふに忍びず」となります。

何不秉燭遊

「何」は物をたずねる疑問詞、「不」は用言を否定する否定詞です。「何不」二文字で「なんぞ〜ざる」と読んで、「どうして〜しないのか」と訳し、勧誘を表す決まった言い方です。再読文字に「盍」というものがありましたが、「何不」二文字が発音の上で合わさって、「盍」字を当てたのでした。「秉」は「とる、手に取る」という意味の動詞です。「燭」は「ろうそく」のことで、名詞です。「遊」は「あそぶ」という意味の動詞です。

「何不」二文字は決まった言い方なので、やはり「なんぞ〜ざる」と読まなければなりません。「秉」が動詞、「燭」が名詞なので、「秉燭」で「燭を秉る」と読めば、動詞+目的語となり、文法的にも正しくなります。さらにその後に「遊ぶ」を続けると、「燭を秉りて遊ぶ」という読みに、「ろうそくを手に取って遊ぶ」という意味になり、「秉」と「遊」の二つの動詞が動作の連続を示して、これも文法的に正しくなります。そして「何不」を付けて、「どうしてろうそくを手に取って遊ばないのか」とすれば、意味もよく分かります。書き下し文は「何ぞ燭を秉《と》りて遊ばざる」となります。

有人衣青衣

「有」は存在する物や事を示す動詞です。「人」は「人間」という意味の名詞です。「衣」は「ころも・服」の意味の名詞になったり、「服を着る」という意味の動詞になったりします。「青」は「あお」という色を表します。

さて、この文には「衣」字が二つ出てきています。この同じ二字は同じ意味用法なのか、それとも異なるのか、よく考えなければなりません。

まず上から読んでいきましょう。「有」という動詞のすぐ下に「人」という名詞があります。「人有り」と読めそうです。「衣青衣」の「青」が色を表すのだから、下の「衣」字がもし動詞なら「青い色が着る」という意味となり、よく分かりません。「青衣」の「衣」が名詞なら、「青い服」という意味になり、これなら分かりやすいです。そして「衣青衣」の上の「衣」が動詞なら、この三文字は「青い服を着る」という意味に理解できます。もし「衣青衣」の上の「衣」が名詞なら「衣青」で「服が青い」と理解することができ、意味も分かりやすいです。しかしその場合、下の「衣」はどういう意味に理解すればいいのでしょうか。「衣青」で「服が青い」と読んでしまうと、そこで主語＋述語が完結してしまい、その後に語句が続かなくなってしまいます。ここは「衣が青い」とは読めそうもありません。そうすると、やはり「衣青衣」で「青い服を着る」と理解するのがよさそうです。そして「有人」と繋げて、「一人の人がいて、青い服を着ている」と理解すれば、分かりやすい意味になります。書き下し文は「人有り青衣を衣《き》る」となります。

3、短いまとまった文章を読んでみる

さて、いよいよ返り点・送り仮名の付いていない文章を読んでみます。返り点は付いていなくても、まだこの段階では句読点は付いています。句読点は一つの区切りですから、これを頼りに、文章を区切ることができます。そうすると長い文章のように見えても、実際は短い句の集合体ということになります。これまでの二文字・三文字・四文

字・五文字の句を読んだ感覚を生かしながら、挑戦していきましょう。ただしその一方で文章全体の内容をしっかり捉える必要もあります。それも忘れないようにしましょう。

では、次の文章を書き下し文に直し、現代語訳してみましょう。

友人徐鵬之婦家朱氏、居沙湖。数年前、其家後圃竹間、忽生物如人、形体差具、其首如戴席帽、断之微有血、不知何怪也。

（『庚巳編』）

徐鵬：人名　朱：人の姓　沙湖：地名

「友人徐鵬之婦家朱氏」を見ていくと、「友人」はすぐ分かると思います。「徐鵬」は人名です。「之」はいろいろ意味がありますが、名詞と名詞の間にあると、連体修飾語を作る「の」になる可能性が高いです。「婦」は、たとえば「夫婦」という熟語を思いつくと、「妻」という意味であると気がつくかも知れません。「家」もそのまま「家」の意味です。「朱」は姓で、「氏」は敬称です。ここまで「友人徐鵬の婦《つま》の家の朱氏」と読めます。「居沙湖」については、「居」が「いる」という意味の動詞、「沙湖」が地名でならば、「沙湖に居る」と読めます。

次の「数年前」はすぐ分かるでしょう。

「其家後圃竹間」の「其」は指示代名詞「それ」・「その」です。すぐ後に「家」という名詞があるので、「其家」で「其の家」と読めます。「後」は「うしろ」の意味、「圃」は「はたけ」です。「竹」も「間」もすぐ分かるでしょうか。「其の家の後圃の竹間に」と読んで、「その家の裏の畑の竹の間に」という意味で理解できます。

「忽生物如人」の「忽」は「おろそかにする、忘れる」という動詞としての意味がありますが、副詞で「たちまち」という意味で使われることの多い字です。次の「生物」という二文字を見て、「生物（せいぶつ）」という二字熟語を連想します。しかし注意が必要です。「忽」字が副詞であるならば、そのすぐ後は動詞でなければならず、「忽」字の下に「生物」という名詞が来るはずはありません。すると「生」は動詞だということになります。すると「生物」で「物を生ず」と読むべきだろうと考えられます。「如」は「ごとし」と読んで「～のようだ」という意味です。「如人」で「人のごとし」と読んでここでは動詞として用いられ、「人間のようだ」という意味で理解できます。すると「忽ち物を生じて人のごとし」となります。実はこの五文字は兼語文で、「物」という字は「生」という動詞の目的語になっていると同時に、「如」の主語になっています。「突然ある物を生じ、それは人間のような形であった」という意味になります。

「形体差具」の「形体」は「身体」という意味の名詞です。「差」は「くいちがう」という動詞、「くいちがい」という名詞の意味の他、「やや、すこし、おおよそ」という副詞の意味もあります。「具」は「そなわる」という意味の動詞です。「差」が「くいちがう」とか「くいちがい」という意味だと、「具」とうまくつながりません。「おおよそ」の副詞の意味だと「おおよそ備わる」となり、「形体」と合わせて、「形体差《ほぼ》具はり」と読み、「身体はおおよそ備わっていて」という意味で理解できます。

「其首如戴席帽」の「其首」は「其の首」という意味で理解できます。「如」は「ごとし」と読み、「～のようだ」という意味です。「戴」は「のせる、かぶる」という意味の動詞です。「席帽」は少し難しかったかも知れません。藤のつるを使って編んだ帽子です。すると「其の首席帽を戴するがごとし」と読め、「その頭は席帽をかぶっているようだ」という意味に理解できます。

「断之微有血」の「断」は「たつ、たちきる」という意味の動詞です。「之」は指示代名詞「これ」です。「微」は

「わずかに、かすかに」という意味の副詞です。「有」は「ある」、「血」は「血液」のことです。「微」が副詞であるならば、下の「有」字を修飾するので、「微有血」で「微《わず》かに血有り」となります。すると「断之」は「之を断ず」と理解できます。これを意味的に繋がるように読めば、「之を断ずれば微かに血有り」という読みになり、「これを断ち切るとわずかに血があった」という意味で理解できます。

「不知何怪也」の「不知」は「知らず」と読んで「しらない、わからない」という意味です。「何」は疑問詞ですが、疑問詞の用法の一つとして、不定物を指し示すということがあります。「何怪」で「何の怪」という読み、「何の怪しいこと」という意味になります。「何の怪なるかを知らざるなり」と読んで、「何の怪しいことなのか分からなかった」という意味になります。

（書き下し文）

友人徐鵬の婦《つま》の家の朱氏、沙湖に居る。数年前、其の家の後圃の竹間に、忽ち物を生じて人のごとく、形体差具《ほぼ》はり、其の首席帽を戴するがごとく、之を断ずれば微《わず》かに血有り、何の怪なるかを知らざるなり。

（現代語訳）

友人の徐鵬の夫人の家の朱氏は、沙湖に住んでいた。数年前、その家の裏の畑の竹の間に、突然ある物が生じて人間の形のようで、身体はおおよそ備わっていたが、その首は席帽をかぶっているようで、これを切るとわずかに血が流れたが、何の怪しいことなのか分からなかった。

もう一つ、短い文章を読んでみましょう。

司馬温公童稚時、与群児戯於庭。庭有大甕、一児登之、偶堕甕水中。群児皆棄去、公則以石撃甕、水因穴而迸、児得不死。蓋其活人手段已見於齠齔中、至今京洛間多為小児撃甕図。

（『冷斎夜話』）

司馬温公は司馬光のことで、北宋時代の歴史学者です。『資治通鑑《しじつがん》』という大部な歴史書の編纂に携った人です。「童稚」の「童」は「わらべ」、「子供」のことです。「稚」は「幼稚園」の「稚」と同じことに気づけば、これも「幼い子供」の意味であることが分かるでしょう。すると、「司馬温公童稚の時」という読みになって、「司馬温公（司馬光）が子供の時に」という意味に捉えられます。

「与」は介詞で「と」と読み、「いっしょに」の意味です。「群」は「むれ」、「児」は「児童」の「児」、「子供」の意味です。すると「群児」で「群になった子供」、すなわち「多くの子供たち」の意味に解せます。「与群児」で「群児と」と読め、「子供たちと」という意味です。「戯於庭」の「戯」は「たわむれる、遊ぶ」という意味の動詞、「於」は場所を表す介詞で、そのすぐ後に場所を示す名詞がきます。「庭」がまさに場所を示す名詞です。ただし「於」が動詞の下にある時、この字の訓読は注意が必要です。「庭に」と接続助詞「に」を送り仮名にして読むと、すでに接続助詞「に」で介詞「於」の意味を取っています。したがって「於」字を改めて「於いて」と読みません。

「庭有大甕」の「有」は存在する物を表す動詞、「大」は「おおきい」の意味の形容詞、「甕」は水などを入れておく容器のことです。「大甕」で「大きな甕《かめ》」です。「庭に大甕有り」と読んで、「庭に大きな甕があった」という意味になります。

「一児登之」の「一児」で「一人の子供」の意味です。「登」は「のぼる」という意味の動詞、「之」は指示代名詞で、ここでは「大甕」を指します。「一児之に登り」と読み、「一人の子供が大きな甕に上り」という意味になります。

「偶堕甕水中」の「偶」は「たまたま」という意味の副詞、「堕」は「落ちる」という意味の動詞です。「甕水中」は、「甕の水の中」とすぐ分かるでしょう。「偶堕甕水中」は「たまたま甕の水の中に落ちた」という意味に理解できます。

「群児皆棄去」の「群児」は先ほど出てきました。「子供たち」という意味です。「皆」は「みんな」という意味です。「棄」は「すてる」、「去」は「立ち去る」の意味で、動詞が二つ続いています。動作の連続で、「捨てて立ち去る」という意味です。「子供たちはみんな（甕に落ちた子供を）捨てて立ち去った」という意味になります。

「公則以石撃甕」の「公」は、この文章の最初に出てきている「司馬温公」の「公」です。「則」は「決まり、規則」という名詞の意味や、「のっとる、手本とする」という動詞の意味もありますが、「すなわち」と読んで、原因と結果を結びつける接続助詞として使われたり、名詞などに付いて、他の物と区別したり強調したりする助詞として使われたりします。ここは区別・強調の意味です。「公」のすぐ後に付いて、「他の子供たちとは違って司馬温公は」というニュアンスを出します。「以」は手段・方法を示す介詞で、「もって」と読み、「以」字のすぐ下にその手段・方法が来ます。「以」字のすぐ下には「石」字があるので、「以石」で「石を以て」と読み、「石を使って」という意味になります。「撃」は「打つ」という意味の動詞です。「撃甕」で「甕を撃つ」と読みます。

「水因穴而迸」の「因」は、「よる」と読み、「何かの原因に従って」というニュアンスを持った動詞です。すぐ下に「穴」字があるので、「因穴」で「穴によって、穴を原因として」というような意味になります。「而」は接続詞で、上に書かれていることと下に書かれていることとを繋ぐ働きをします。訓読では上の句の読み方によっては、接続助詞として送り仮名の中に含まれることもあるのでした。「迸」は「ほとばしる」、水が勢いよくあふれ出ることです。「水因穴而迸」で、「水が穴によって（穴から）勢いよくあふれ出て」という意味になります。

「児得不死」の「得」は「（物を）手に入れる」というのがもともとの意味です。そしてそこから派生して、可能を表す助動詞としても使われるようになりました。「死」は名詞にも動詞にもなりますが、すぐ上に用言を否定する否定詞「不」があるので、ここの「死」は動詞です。「不死」で「死せず」と読みます。その上に可能の助動詞「得」があるので、「児死せざるを得」という読み方になり、「（その甕に落ちた）子供は、死なないことができた」、すなわち「その子供は死なないですんだ」という意味になります。

「蓋其活人手段已見於齠齔中」の「蓋」は文頭にあると「けだし」と読んで、「〜だったのだ」という語感を示します。「其」は指示代名詞、「活」は「生かす」という意味の動詞で、「活人」で「人を活かす」です。「其の人を活かす手段は」と読めます。「已」は「すでに」という意味の副詞、「見」は「見る、見える」という意味の動詞、「於」は場所を示す介詞、「齠齔《ちょうしん》」は「子供の歯が抜けかわること」が本来の意味で、そこから「七、八歳の子供」という意味でも使われるようになりました。「蓋其活人手段已見於齠齔中」で、「その（司馬温公の）人を活かす手段は、子供の頃にすでに見られたのだった」という意味になります。

「至今京洛間多為小児撃甕図」の「至今」で「今に至りて」、「京洛」で「みやこ」、「為」は「なす・なる・である」という動詞ですが、「為」字の下に目的語として芸術作品など創作物が来たときには、「つくる」と読みます。その下「小児撃甕図」が絵画の題名です。「子供が甕を撃っている図」という意味でしょう。

（書き下し文）

司馬温公童稚の時、群児と庭に戯る。庭に大甕有り、一児之に登り、偶《たま》ま甕水の中に堕つ。群児皆棄て去るも、公は則ち石を以て甕を撃てば、水穴に因りて迸《ほとばし》り、児死せざるを得。蓋し其の人を活かすの手段已に齠齔《ていしん》の中に見え、今に至りて京洛の間多く小児甕を撃つの図を為《つく》る。

（現代語訳）

司馬温公（司馬光）が子供の頃に、多くの子供たちと庭で遊んでいた。庭に大きな甕があり、一人の子供がそれに登り、たまたま甕の水の中に落ちた。子供たちはみんな捨てて立ち去ったけれども、司馬光だけは石で甕を打ち、水が穴から噴き出して、その子供は死なずにすんだ。司馬光の人を活かそうとする手段は、すでに子供の頃の行いの中に見えるのだ。今になっても、都の間では「子供が甕を撃つ図」というものがたくさん作られている。

語句索引

1、本書で説明した語句のうち、漢文学習に重要な助字を中心に取り上げました。
2、読み方に従い、五十音順に並べています。
3、漢文訓読での読み方の場合はひらがな、現代仮名遣いで示しました。活用語の読みは、終止形で示しました。また訓読での読み方が分からない場合のために、漢字の音読み（漢音）をカタカナで機械的に示しました。

著者略歴
中川　諭（なかがわ　さとし）
1964年福岡県生まれ。立正大学文学部教授。
東北大学大学院文学研究科修了。博士（文学）。新潟大学教育学部助教授、大東文化大学文学部教授、大東文化大学教職課程センター所長を経て、現職。専門は、明清白話小説の版本と出版文化。主な論著に、『『三国志演義』版本の研究』（汲古書院、1998年）、『武将で読む三国志演義読本』（勉誠出版、2014年）ほか。

題字：中川論

漢文《かんぶん》を基礎《きそ》から学《まな》ぶ

二〇二三年三月三一日　初版第一刷発行
二〇二四年三月二〇日　初版第二刷発行

著　者●中川諭
発行者●間宮伸典
発行所●株式会社東方書店
東京都千代田区神田神保町一—三　〒一〇一—〇〇五一
電話〇三—三二九四—一〇〇一
営業電話〇三—三九三七—〇三〇〇
装　幀●森田恭行（キガミッツ）
組　版●シーフォース
印刷・製本●モリモト印刷株式会社

定価はカバーに表示してあります

ISBN978-4-497-22302-9　C0081

東方書店出版案内

価格 10%税込

中国古典名劇選

後藤裕也・西川芳樹・林雅清編訳／中国・元代に流行した元雑劇の台本一〇〇編を収録した『元曲選』から「趙氏孤児」「梧桐雨」「黄粱夢」など一〇編を翻訳。各劇の注釈・解説のほか、元曲をより深く知るためのコラムも付す。

Ａ５判四三二頁／税込四六二〇円（本体四二〇〇円）978-4-497-21603-8

中国古典名劇選 II

後藤裕也・多田光子・東條智恵・西川芳樹・林雅清編訳／第二集は薄明美人王昭君と皇帝の悲恋を描く「漢宮秋」、包待制の活躍を描く公案劇「陳州糶米」のほか、三国劇や水滸劇など一〇編を収録。

Ａ５判三八四頁／税込四六二〇円（本体四二〇〇円）978-4-497-21920-6

中国古典名劇選 III

後藤裕也・田村彩子・陳駿千・西川芳樹・林雅清編訳／戦国時代の蘇秦が名を成すまでの紆余曲折を描く「凍蘇秦」、女真族の大元帥とその親族の人間模様を描く異色の世話物「虎頭牌」など一〇編を収録。

Ａ５判四二八頁／税込四六二〇円（本体四二〇〇円）978-4-497-22204-6

漢俳　五・七・五の中国国民詩

今田述著／「漢俳（かんぱい）」とは日本の文芸「俳句」の五・七・五に倣った中国の短詩である。一九八〇年に生まれた漢俳を、中国の国民詩にまで育て上げた日中文化人の軌跡を辿る。

四六判二三二頁／税込一九八〇円（本体一八〇〇円）978-4-497-22312-8